Unser heimisches Superfood

ELISABETH DIESSL & VERONIKA HALMBACHER

Unser heimisches Superfood

Im Alpenraum sammeln und selber zubereiten

INHALT

Einleitung 6

**»Heimisches Superfood« –
Was genau ist das?** 10

Was verstehen wir unter »heimisch«?................................. 11
Was muss ein »Superfood« können?................................... 11
Begriffsdefinition »heimisches Superfood« 12
Beispiele für heimisches Superfood 13

**Wie wirken unsere
heimischen Superfoods?** 14

Wirkung des Sammelns und Genießens der Superfoods 15
Pflanzenwirkstoffe 21

**Scheinwerfer an für unsere
zwölf liebsten heimischen Superfoods** 26

Der Löwenzahn 28
Die Brennnessel 38
Der Holunder 50
Die Himbeere 60
Der Quendel 72
Die Heidelbeere 80

Die Brombeere	90
Die Minze	98
Die Wacholderbeere	108
Die Preiselbeere	120
Die Haselnuss	130
Die Hagebutte	142

Wie sammle ich heimisches Superfood am besten? ... 150

Generelle Sammeltipps	151
Sammelutensilien	155
Kleidungsempfehlung	156
Kochutensilien	156

Was kann ich mit heimischem Superfood machen? ... 158

Verarbeitungstipps	159
Grundrezepte	163

Sammelkalender ... 177

Quellenangaben ... 178

Einleitung

*»Der, der selber sammeln kann,
ist am besten dran!«*

Wir, Elisabeth Dießl und Veronika Halmbacher, sind richtige »heimische Superfoodies« und auch du kannst das werden. Wir freuen uns über dein Interesse an diesem spannenden Thema und erzählen dir nun, wer wir sind und warum wir in unser heimisches Superfood vernarrt sind.

Elisabeth Dießl ist geboren und aufgewachsen am schönen Tegernsee inmitten der bayerischen Alpen. Sie stammt aus einer traditionellen bayerischen Großfamilie und liebt die Berge, Natur, gutes Essen und natürlich alles, was mit dem Thema »heimisches Superfood« in Zusammenhang steht. Nach einigen Jahren im In- und Ausland ist sie wieder nach Hause zurückgekehrt und führt das elterliche Hotel am Tegernsee nun in die nächste Generation. Und wann immer Zeit ist, widmet sie sich ganz ihrer zweiten Leidenschaft, dem Gesundheitsbereich. Als ausgebildete Heilpraktikerin und TEH-Praktikerin (Traditionelle Europäische Heilkunde) kann sie ihr Wissen bei ihrem Lieblingsthema heimisches Superfood perfekt einbringen.

Veronika Halmbacher ist ein Kind der Natur und liebte es schon von klein auf, draußen alles Brauchbare zu sammeln und weiterzuverarbeiten: für die eigene Hausdekoration, Geschenke, für die Gesundheit und vor allem für kulinarische Genüsse. Als ausgebildete TEH-Praktikerin und Designerin verbindet das Thema heimisches Superfood perfekt ihre Liebe zur Natur mit ihrer kreativen und künstlerischen Ader und dem besonderen Sinn für individuelle Rezeptideen.

Schon unsere Omas waren befreundet und wir sind glücklich, dass wir gemeinsam die gleiche Leidenschaft teilen. Uns begeistert jeden Tag aufs Neue, welch tolle, kostenfreie Geschenke direkt vor unserer Nase die Natur zu bieten hat. Wir haben die Superfoods genau unter die Lupe genommen: In unserer Heimat steckt ein riesiges Potenzial! Es braucht nicht die Superfoods aus aller Welt, wenn wir sie doch direkt vor der Haustüre haben. Sie stehen uns allen kostenlos zum Selberpflücken in der Natur zur Verfügung! Studien beweisen, dass unsere heimischen Produkte leicht mit den momentan stark im Trend liegenden Superfood-Exoten mithalten können. Am liebsten gehen wir gemeinsam in die Natur zum Sammeln. Oft sprechen wir dabei stundenlang nichts und am Ende zeigen wir uns immer freudestrahlend die Ernte des Tages – oft wird dann noch verglichen und ausgetauscht und am besten gleich danach noch bei einer gemütlichen Tasse Tee zusammen weiterverarbeitet. Die Rezeptideen entstehen oftmals schon während des Sammelns. Wir sind meist nicht fixiert darauf, was wir sammeln, sondern lassen uns überraschen, was uns die Natur heute wieder zu schenken hat. Und das Schöne ist: Es ist immer etwas dabei. Wer einmal den Blick für die Geschenke der Natur geöffnet hat, findet immer etwas. Wenn man mit dem Sammeln beginnt, ist es, als ob ein weiteres Auge aufgeht und man fragt sich, ob man vorher eigentlich halb blind durch die Welt gegangen ist. Nach dem Sammeln fühlt man sich innerlich ruhig und zugleich aufgetankt von der Mutter Natur. Also ein herrliches Gefühl mit Suchtcharakter!

Dieses Buch leitet dich Schritt für Schritt an, wo du die Superfoods findest, wie du sie am besten sammelst, was du daraus machen kannst und noch vieles mehr. Also los, wir drücken die Daumen und freuen uns auf einen Superfoody mehr im Bunde! Und vielleicht findest du ja noch jemanden in deinem Bekanntenkreis, den du für dieses Thema begeistern kannst. Geteiltes Glück ist bekanntlich doppeltes Glück! Und wer den Wald als Freund hat, ist sowieso nie allein!

»Heimisches Superfood« Was genau ist das?

Jetzt fragt ihr euch vielleicht, was heimisches Superfood überhaupt ist. Allen voran ist es eine Wortkreation von uns, die wir aus den beiden Wörtern »heimisch« und »Superfood« zusammengesetzt haben. Schauen wir uns die zwei Worte einmal genauer an:

Was verstehen wir unter »heimisch«?

Für jeden Menschen bedeutet Heimat etwas ganz Persönliches und Individuelles. Heimat ist vor allem ein Gefühl. Für uns bedeutet Heimat primär: unsere Berge, Wälder und Wiesen. Dort fühlen wir uns »heimisch«. Wir grenzen unsere Superfoods somit auf unseren heimischen alpinen Raum ein. Wir möchten unsere Superfoods dadurch auch bewusst begrifflich unterscheiden von den weit hergereisten Superfoods und unseren Kraftpaketen vor Ort unsere Aufmerksamkeit schenken. In aller Munde sind Chia-Samen, Goji-Beeren etc. aus aller Welt. Doch was ist mit den tollen Superfoods direkt vor unserer Haustüre? Sie liegen noch sehr im Schattendasein. Aber sie möchten auch gesehen werden! Und du wirst staunen, was sie alles können! Nicht umsonst besagt eine alte Weisheit, dass die Natur, in der wir leben, uns alles schenkt, was wir für unsere Gesundheit benötigen. Also wie der Ausdruck »heimisches« schon besagt, betrachten wir in diesem Buch die Superfoods aus unserem Heimatraum, dem Alpenraum, wo wir herkommen. Denn das sind genau die Lebensmittel, die wir brauchen. Sie tragen die Nähr- und Botenstoffe in sich, die optimal für uns und unsere Konstitution sind. Sie werden nur lediglich nicht so gut vermarktet wie ihre exotischen Geschwister. Wir verschließen uns auf keinen Fall vor den vielen tollen Produkten dieser Welt, wollen jedoch aufmerksam auf unsere eigenen Alpenschätze machen. Wir sehen unsere Heimat als unsere Schatzkammer an, die zahlreiche Überraschungen und essbare Gaben birgt.

Was muss ein »Superfood« können?

Was ist eigentlich Superfood? »Super« und »Essen« steckt in diesem englischen Begriff. Was ist also ein super Essen? Es sind Lebensmittel, die möglichst naturbelassen sind und über das durchschnittliche Maß

Nähr-, Vitalstoffe und gesundheitsfördernde Bestandteile enthalten, wodurch wir Menschen uns nach deren Konsum einfach »super« fühlen! Eine einheitliche Definition ist in der Literatur nicht zu finden. Im Prinzip stellt der Begriff »Superfood« einen Marketingbegriff dar und hat sich in den letzten Jahren immer mehr in unserem Sprachgebrauch eingebürgert. Er wird bereits seit Anfang des 20. Jahrhunderts verwendet, hat aber vor allem in den letzten Jahren einen regelrechten Boom erlebt. Da der Begriff mittlerweile gang und gäbe ist, ist es für den Laien oft nicht leicht, herauszufinden, ob es sich tatsächlich um ein Superfood handelt.

Wir wollen euch hier »richtige« Superfoods vorstellen, die geradeso vor gesunden Eigenschaften strotzen, aber für »unser Superfood« reicht uns eine schwammige Definition nicht und deshalb legen wir im nächsten Punkt unsere eigenen Kriterien fest und zählen auf, welche Lebensmittel tatsächlich für uns als heimisches Superfood gelten.

Begriffsdefinition »heimisches Superfood«

Heimisches Superfood kann einiges, ja, es muss sogar sehr viel können, um diesen Titel zu bekommen. Nachfolgend stellen wir euch unsere Kriterien vor, die erfüllt sein müssen, um auch von uns als heimisches Superfood bezeichnet zu werden.

1. Es wächst im Alpenraum und kämpft sich durch all seine widrigen Bedingungen.
2. Es wächst von ganz allein in freier Natur oder auf dem biologischen Feld.
3. Es hat sich über Generationen als Lebensmittel und Heilmittel einen Namen gemacht.
4. Es wird genau zum richtigen Zeitpunkt geerntet.
5. Es enthält Nährstoffe, Wirkstoffe und Vitalstoffe in überdurchschnittlich geballter Menge.
6. Seine gesundheitsfördernden Inhaltsstoffe sind wissenschaftlich nachgewiesen.

Unsere in diesem Buch vorgestellten Superfoods entsprechen all diesen Kriterien. Wie du sehen wirst, handelt es sich bei unseren Superfoods um schon lange bei uns beheimatete, ursprüngliche Lebensmittel. Unsere Superfoods widersprechen dem Trend »schöner, schneller, größer, süßer …«. Sie sind einfach so, wie sie sind. Und das oftmals seit mehreren Jahrtausenden. Sie tragen ihr Erbgut in sich und können ihre Erfahrung und ihren Kämpfergeist an uns weitergeben. Sie sind Heimat, Genuss, Lebensfreude und Wohlbefinden. Unsere Superfoods sind ganz einfach: Pur. Ehrlich. Gesund.

Beispiele für heimisches Superfood

Wir haben für unser Buch zwölf heimische Superfoods sorgsam ausgewählt. Freue dich auf eine facettenreiche Mischung aus Beeren, Blüten und Blättern. Wir stellen dir hier den Löwenzahn, die Brennnessel, den Holunder, die Himbeere, den Quendel, die Heidelbeere, die Brombeere, die Minze, die Wacholderbeere, die Preiselbeere, die Haselnuss und die Hagebutte vor. Du findest sie zwar teilweise auch im Supermarkt, aber zuvorderst alle kostenfrei vor deiner Haustüre in unserer heimischen Natur.

Wie wirken unsere heimischen Superfoods?

Unsere heimischen Superfoods wirken, das könnt ihr uns glauben! Ihr werdet staunen, auf wie vielen Ebenen unsere Kraftpakete punkten.

Wirkung des Sammelns und Genießens der Superfoods

Superfood wird hochgepriesen. Rauf und runter in sämtlichen Medien und unseren Supermärkten wird es erwähnt und du kannst es meist für einen saftigen Preis erwerben. Geworben wird mit einer Verbesserung unseres Gemütszustandes, unserer Energie, unseres Gedächtnisses, unseres Schlafes und vielem mehr. Das hört sich schon sehr verlockend an! Und diese Kraft soll nun auch direkt vor unserer Türe liegen und muss nicht um die halbe Welt reisen, um zu uns zu kommen? Ganz genau! Wir gehen der Wirkung unserer Superfoods auf den Grund und du wirst sehen, unser heimisches, selbst gesammeltes, kostenfreies Superfood wirkt noch viel kräftiger!

Superfoods wirken zum einen über ihren Nährstoffgehalt, zum anderen auch über die Natur, in der sie sich befinden. Die Natur, die Bewegung, all dies hat eine positive Wirkung auf uns. Also nicht nur die Naturspeise an sich hilft uns, sondern auch der Sauerstoffgehalt der frischen Luft, die Ruhe und Zielgerichtetheit beim Sammeln.

Das Zitat des Philosophen Arthur Schopenhauer (1788–1860) finden wir auch heute noch sehr passend: »Die Gesundheit ist zwar nicht alles, aber ohne Gesundheit ist alles nichts«. Und wenn man mit seinem Hobby, Sammeln und Genießen, etwas für seine Gesundheit tun kann, ist das doch eine mehr als schöne Steigerung der Lebensqualität! Viele von uns brauchen einen Gegenpol zu der immer schneller und stressiger werdenden Zeit! Wir können gemeinsam aus dem gehetzten Alltag ausbrechen, indem wir uns immer wieder Sammelauszeiten gönnen.

Die Kraft des Sammelns – Wir sind beim Sammeln fokussiert und konzentriert

Gehst du gern im Urlaub am Strand spazieren und erfreust dich dabei an schönen Muscheln, die wie zufällig auf deinem Weg liegen? So ähnlich geht es uns bei einem Waldspaziergang beim Sammeln. Wir vergessen Zeit und Raum und sind einfach ganz im Moment.

Sammeln hat eine immense Wirkung auf unsere Psyche. Die Seele kann in der Natur und beim Sammeln ausspannen. Wir kommen durch die Stille und durch die Aufmerksamkeit der Pflanzenwelt, der Natur und uns selbst wieder ein Stück näher. Unsere Seele genießt die meditative Geräuschkulisse, das Zwitschern der Vögel, das Rauschen der Bäume, unsere knisternden Schritte und die ungeteilte Aufmerksamkeit der Natur und uns selbst gegenüber. Es ist aufregend und zugleich entspannend. Man weiß vorher nie, ob und was man findet. Und wenn unser Blick dann auf wunderschöne Superfoods fällt, sind das immer wieder kleine Glücks- und Erfolgsmomente.

Natürlich stellt sich die berechtigte Frage, ob es wirklich noch zeitgemäß ist, selbst sammeln zu gehen, wo es doch heutzutage fast alles im Übermaß zu kaufen gibt. Wir sind der absoluten Überzeugung, dass es seine Berechtigung hat, mehr denn je vielleicht sogar. So viele Menschen sehnen sich nach Entschleunigung und Ursprünglichkeit. Wir alle haben volle Terminkalender und überfällige To-do-Listen. Wir sind immer mobil, ständig erreichbar, haben rund um die Uhr Medien um uns herum und kommen fast nie richtig zur Ruhe. Es herrscht eine ständige Anspannung und Erwartungshaltung an uns selbst und von außen, und das ist extrem anstrengend für unseren Organismus. Dabei ist es so schön, einfach einmal nichts oder nur eine Sache mit voller Hingabe zu tun! Beim Multitasking ist unser ganzes System immer in Alarmbereitschaft. Doch wann gelingt es uns schon, uns nur auf *eine* Sache zu konzentrieren? Beim Sammeln können wir genau das wieder lernen und uns zurückbesinnen und zu uns kommen. Man lernt sehr viel über sich selbst beim Umgang mit unseren Superfoods. Du merkst genau, in welcher Situation du dich gerade befindest. Bist du konzentriert, bist du bei dir, zerstreut, unruhig oder Ähnliches? Sammeln lehrt dich, zu fokussieren. Wenn du mit deinem Mobiltelefon in der Hand umherirrst oder irgendwo anders mit deinem Tun und Denken bist, wirst du auch nicht aufmerksam auf die Schätze der Natur. Sobald du dich ihnen aber öffnest, wirst du sie auch finden und beschenkt werden.

Das Sammeln in der Natur lehrt uns außerdem, hauszuhalten – denn man sollte nur so viel sammeln, wie man auch verwendet. Und wenn eine ganze Ladung wunderschöner Superfoods vor dir liegt, heißt es dennoch, bescheiden zu bleiben.

Wenn wir eine Pause machen oder uns einfach einmal kurz in der Natur hinsetzen und vermeintlich »nichts« tun, schweift unser Blick wie zufällig auf superschöne Superfoods. Sie haben eine unsichtbare Kraft und ziehen uns magisch an. Bevor wir zum Sammeln losgehen, haben wir oft den Kopf noch voll mit unseren Alltagsthemen und es dauert eine Zeit, bis wir in der Natur »ankommen« und die ganze Aufmerksamkeit dem Hier und Jetzt beim Sammeln gewidmet ist. Nach dem Sammeln stellt sich ein beruhigtes, innerlich zufriedenes und zugleich kraftvolles Gefühl ein.

Die Kraft der Natur – Wir befinden uns beim Sammeln mitten in der Natur und bei uns selbst

Die Wirkung des Sammelns in der Natur passiert eher auf feinstofflicher Ebene und lässt sich nicht so greifbar erklären wie die Pflanzeninhaltsstoffe. Jedoch ist ihre gesundheitsfördernde Wirkung nicht zu unterschätzen. Studien belegen sogar die Heilkraft der Natur, doch es ist trotz umfassender wissenschaftlicher Erkenntnisse noch lange nicht alles messbar oder erklärbar. Die Natur ist und bleibt wild, unberechenbar und voller Geheimnisse. Der österreichische Bestsellerautor und Biologe Clemens G. Arvay beschreibt in seinem Buch *Der Heilungscode der Natur* die magische, heilende Wirkung der Natur. Er ist der Meinung, der Mensch gehöre in den Wald und die Trennung von der Natur mache uns krank. Er bezeichnet den Wald als unsere natürliche Apotheke. Also auch allein schon die Luft, die während eines Waldspaziergangs in unsere Lungen strömt und über unsere Haut aufgenommen wird, ist ein absolutes Superfood. Auch durch die Fotosynthese, welche den pflanzlichen Stoffwechsel bezeichnet, wird deutlich, dass wir uns im Wald in einem äußerst gesunden Raum aufhalten. Bäume atmen und mithilfe des Sonnenlichts können sie das Treibhausgas CO_2 aufspalten und unschädlich machen. Der Baum verwendet das Kohlenstoffatom (C) für sich selbst, um zu wachsen, und gibt das Sauerstoffmolekül (O_2) wieder an die Natur zurück. Somit können wir uns durch einen Aufenthalt im Wald vermehrt am Sauerstoffüberschuss erfreuen. Der angereicherte Sauerstoff, der dadurch in unser Blut gelangt, ist reich an Killerzellen, macht Viren unschädlich und schützt uns vor der Entstehung von krankhaften Krebszellen. Ein ausgiebiger Waldaufenthalt steigert die natürlichen Killerzellen in unserem Organismus um 40 %. Das ist doch wirklich unglaublich! Es steigert außerdem unsere Lungenkapazität, senkt den Blutdruck und die Arterien werden elastischer. Die Waldluft ist unter anderem reich an Terpenen, sogenannten Botenstoffen, die den Pflanzen helfen, miteinander zu kommunizieren und krankhafte Erreger abzuwenden. Dieser besonderen Luftzusammensetzung des Waldes können auch wir uns erfreuen und sie beugt sowohl Krankheiten vor, als sie auch die Heilung von Krankheiten unterstützt.

Auch die Farbe Grün hat eine Wirkung auf uns. Sie ist die Farbe des Lebens und symbolisiert Wachstum, Harmonie, Erholung, Erneuerung, Zuversicht und Freiheit. Das sind doch alles wunderbare Attribute, mit denen wir uns gern verbinden. Selbst wenn ihr beim Sammeln auch einmal nichts findet, habt ihr in Wirklichkeit schon heimisches Superfood in euch aufgenommen.

Die Kraft der Bewegung – Wir sind beim Sammeln in Aktion

Die Medizin ist sich einig: 20–30 Minuten moderate Bewegung, am besten pro Tag, gut auch schon dreimal die Woche, wenn möglich an der frischen Luft, ist gesundheitsfördernd! Laut einer Studie ist es sogar im Blut messbar, dass sich die Entzündungswerte dadurch reduzieren.

Unser Stoffwechsel braucht zwischendurch einfach einen Turbogang, um optimal zu funktionieren. Unser Stoffwechsel, auch Metabolismus genannt, fasst alle biochemischen Prozesse zusammen, die unsere Körperzellen tagtäglich bewältigen. Damit ist die Aufnahme, der Transport, die Umwandlung und Abgabe von Stoffen gemeint. Unser Stoffwechsel hat also eine Menge zu tun. Und wir können ihn mit gesunder

Ernährung und mit Bewegung bei seiner Arbeit unterstützen. Wir Menschen sind dazu gemacht, uns auch körperlich und nicht nur geistig zu bewegen. Durch Bewegung verbrauchen wir vermehrt Energie, der Fettstoffwechsel wird angeregt und der Abtransport der Stoffe wird unterstützt. Und es muss kein Spitzensport sein. Das moderate Gehen bringt auch schon sehr viel für unseren Stoffwechsel. Auch unsere Wirbelsäule liebt es. So viele Menschen haben heutzutage Probleme mit ihrem Rücken. Und egal in welcher Lebenslage und in welcher Altersstufe man sich bewegt, Bewegung hält uns am Leben! Durch die Bewegung werden vermehrt Botenstoffe ausgeschüttet, die wiederum unsere Abwehrzellen mobilisieren. Und von denen können wir gar nicht genug bekommen. Auch unser Hormonsystem wird durch die Bewegung angeregt und es werden wichtige Schlüsselhormone, wie unser Wohlfühl- und Schlafhormon Serotonin, vermehrt ausgeschüttet.

Auch unsere Psyche braucht die Bewegung. Wir fühlen uns weitaus lebendiger und positiver, wenn wir uns körperlich betätigt haben. Es gibt auch Studien dazu, dass Bewegung das Depressionsrisiko senkt. Bei bereits erkrankten depressiven Patienten ist die Bewegung eine der tragenden Therapiesäulen.

Bestimmt kennst du auch das schöne Gefühl, wenn du abends bettschwer bist, weil du dich tagsüber viel bewegt hast. Es tut einfach unserem Körper und unserem Geist gut und die gesundheitsfördernde Wirkung der Bewegung, des Dehnens, während ihr zu den Ästen, Blättern und Früchten greift, ist nicht zu unterschätzen.

Die Kraft der geballten Nährstoffvielfalt –
Wir nehmen durch unsere Superfoods Power in uns auf

Neueste Forschungen ergaben, dass 80 % unseres Wohlbefindens von unserer Ernährung abhängen. Das wusste man auch früher schon, wie das altbekannte Sprichwort »Der Mensch ist, was er isst« des deutschen Philosophen Ludwig Feuerbach (1804–1872) sowie »Eure Lebensmittel sollen eure Heilmittel sein, und eure Heilmittel sollen eure Nahrungsmittel sein" von Hippokrates, dem Urvater der Medizin, belegen.

Wie wir uns fühlen, hängt ganz entscheidend damit zusammen, was wir essen und trinken. Das Lebensmittelangebot hat sich sehr verändert und es geht nicht nur darum, dass wir gut gesättigt sind, sondern auch, wieviel Energie uns zur Verfügung steht, ob wir klar denken und fühlen, gut schlafen und vieles mehr.

Dr. Drew Ramsey leitet Ernährungsstudien, ist Buchautor und Urheber wichtiger wissenschaftlicher Erkenntnisse. Er beweist, dass viele Krankheiten einfach nur aufgrund von Nährstoffmängeln auftreten. Unser Gehirn kann bis ins hohe Alter wachsen, meist leiden viele an abnehmender Gehirnleistung, weil es dem Körper und dem Gehirn an Nährstoffen mangelt. Unser Gehirn braucht Bau- und Treibstoffe, um neue Gehirnzellen und Gehirnverbindungen zu schaffen, und wenn sie eben dem Körper nicht zugeführt werden, baut das Gehirn ab – und natürlich auch alle anderen Organe. Viele von uns kochen nicht mehr wirklich selbst, verarbeiten vorproduzierte und vorverarbeitete Lebensmittel. Es fehlt die Lebendigkeit in den Speisen – wo soll sie auch bleiben, zwischen den langen Wegen von unseren Feldern und Wiesen zu den Fabriken und zahlreichen Zwischenhändlern? Die meisten Lebensmittel sind heute mit Zusatzstoffen versehen, mehrfach verarbeitet, in Plastik verpackt und bei weitem nicht mehr ursprünglich. Wir sind übersättigt und dennoch unterernährt, weil uns oftmals wichtige Nährstoffe fehlen. Sie bleiben einfach durch unseren Umgang mit den Lebensmitteln auf der Strecke. Essen selbst zuzubereiten ist gesundheitsfördernd und die eigenen gesammelten Lebensmittel zu genießen ist Glück pur. Freude am Essen schüttet Botenstoffe aus, die auf unser Wohlfühlkonto einzahlen. Also nichts wie ran an den Superfood-Kochlöffel!

Die Kraft der Kämpfer – Unsere heimischen Superfoods sind Spezialisten und geben ihre Stärke an uns weiter

Unsere heimischen Superfoods haben es nicht leicht. Sie müssen sich ständig an verschiedene Klimaschwankungen anpassen. Und das meist seit vielen Jahrtausenden. Vor allem in höheren Lagen sind sie absolute Kämpfer. Sie lassen sich nicht vertreiben und existieren seit jeher in wenig abgeänderter Form. Sie tragen diese Botenstoffe in sich und geben uns durch ihren Konsum ihre Informationen weiter. Es gibt auch neueste Untersuchungen, wobei die Qualität des Heus von den Bergen mit der Qualität aus Ackerbauregionen verglichen wurde und der Nährstoffgehalt von den höheren Gebirgslagen deutlich höher ist. Generell lässt sich sagen: Je schwieriger die Bedingungen, in denen unsere Superfoods gedeihen, desto kraftvoller sind sie auch.

Die Kraft der Nähe – Unser Superfood ist saisonal und regional

Ständig hört man, dass man sich saisonal und regional ernähren soll. Nun, besser als mit unseren selbstgesammelten Leckereien ist dies doch wirklich kaum möglich! Die Schätze schlüpfen jährlich wiederkehrend aus Mutter Erde und sind nur für einen begrenzten Zeitraum für uns verfügbar. Sie gibt es praktisch »frei Haus«, sobald sie reif sind und sie verabschieden sich still und heimlich, wenn ihre Zeit vorüber ist. Bis zum nächsten Wiedersehen. Die Vorfreude kann bleiben.

Pflanzenwirkstoffe

Pflanzen wirken! Das ist auch durch Wissenschaft und phytopharmazeutische Forschung belegt. Einige Pflanzenwirkstoffe wiederholen sich und wir möchten euch ein paar davon hier gern so einfach wie möglich darstellen. Wir wollen nicht zu medizinisch werden und nicht zu tief in die Materie der verschiedenen Inhaltsstoffe eingehen, euch einige wichtige dennoch nicht vorenthalten, weil sie bedeutsam sind für ein umfassenderes Verständnis. Wir versuchen, einen Mix aus Einfachheit und Vollständigkeit hinzubekommen. Also los geht's:

Antioxidantien: Antioxidantien in unserer Nahrung helfen dem Körper, gegen freie Radikale vorzugehen. In jeder unserer Körperzellen entstehen ständig freie Radikale als Zwischenprodukt unseres Stoffwechsels. Es wimmelt um uns herum geradezu von ihnen. Sie sind aggressive chemische Sauerstoffmoleküle und gefährden unsere Zellen. Ihnen fehlt ein Elektron in ihrer chemischen Struktur und sie versuchen ständig, einem unserer intakten Moleküle dieses wegzunehmen. Dadurch werden wir instabiler und die freien Radikale vermehren sich. Freie Radikale sind reichlich in unserer Umwelt, entstehen beispielsweise durch zu viel Alkohol, Rauchen, Medikamente und durch überhöhte körperliche Anstrengung. Auch Stress produziert Unmengen von ihnen. Unsere Körperzellen geben ihr Bestes gegen sie und pro Körperzelle können sie täglich ungefähr 10 000 Attacken von freien Radikalen abwehren. Wenn unser Körper es nicht schafft, werden wir krank. Je besser wir unsere Zellen also mit wertvollen Nährstoffen unterstützen, desto kraftvoller können sie arbeiten. Antioxidantien werden auch als »Radikalfänger« bezeichnet. Sie stärken unser Immunsystem, und Lebensmittel, die reich an Antioxidantien sind, sind vor allem Obst und Gemüse. Ein schöner Nebeneffekt: Sie stoppen den Alterungsprozess und sorgen für ein schönes Hautbild. Die Europäische Behörde für Lebensmittelsicherheit zählt Vitamin B, C, E, Selen, Kupfer, Zink und Mangan zu den bekanntesten Antioxidantien. Die Heidelbeere ist die am stärksten mit antioxidativen Stoffen gesegnete Frucht, gefolgt von der Brombeere, dem Holunder und der Hagebutte.

Glykoside: Glykoside sind der Überbegriff einer Reihe von chemischen Verbindungen, unter anderem der Flavonoide und der Saponine. Glykoside werden in den Pflanzenzellen gespeichert und sie setzen sich aus Zucker, Aglykon und Genin zusammen. Bei einer Verletzung der Zelle kommt es zur Abspaltung des Aglykons, welches dann seine Wirkung entfalten kann. Genin wäre an sich giftig, aber es wird mithilfe von Kohlenwasserstoff ungiftig gemacht. Glykoside wirken sehr anregend, entgiftend, pilzwidrig und allgemein keimhemmend. Wir finden diesen tollen Stoff in unseren Heidelbeeren, Holunder und Preiselbeeren.

Flavonoide: Flavonoide sind wasserlösliche Pflanzenwirkstoffe, die die Pflanze selbst vor UV-Licht schützen. Nach deren reichlichem Konsum können wir uns über ihre entzündungshemmende, antioxidative und antibiotische Wirkung freuen. Sie schützen uns vor freien Radikalen und werden auch zur Vorbeugung gegen Krebserkrankungen empfohlen. Obendrein sind sie eine Wohltat für unser Herz-Kreislauf-System, wirken blutdrucksenkend, gefäßschützend, stärken unsere Blutgefäße und senken unseren Cholesterinspiegel. Diesen wertvollen Inhaltsstoff findet ihr bei unserer Heidelbeere, Preiselbeere, Brennnessel, Minze, Holunder und Quendel.

Saponine: Saponine sind eine Untergruppe der Glykoside und ihr markantes Merkmal ist ihre schaumbildende Eigenschaft, die an Seife erinnert. Und so wirken sie auch. Sie reinigen wie Seife. Durch ihre zusammenführende Wirkung von Wasser und Luft nimmt die Oberflächenspannung ab und verschiedene Stoffe können besser miteinander Kontakt aufnehmen. Somit erklärt sich auch, warum durch Saponine Arzneimittel besser aufgenommen werden können. Je nach chemischer Zusammensetzung wirken Saponine heilkräftig bis giftig. Aber das Gift macht ja bekanntlich die Dosis und in kleinen Mengen wirken sie sehr heilkräftig und anregend auf unsere Schleimhäute, Bronchien, unseren Magen-Darmkanal und unsere Nierentätigkeit. Sie sind außerdem entzündungshemmend, harntreibend und ihnen wird eine hormonstimulierende Wirkung nachgesagt. In größeren Mengen zerstören sie unsere roten Blutkörperchen. Das ist aber leicht vorstellbar, wenn man an Seife denkt. Ein bisschen davon reinigt und eine Überdosis tut uns bekanntlich auch nicht gut. Besonders Menschen mit bekannter Entzündung des Magen-Darm-Bereiches sollten auf Saponine gänzlich verzichten. Bei den Mengen, mit denen wir beim Sammeln und Genießen zu tun haben, besteht keine Gefahr der Überdosierung und Gifteinnahme. Ihr könnt sie also ganz beruhigt konsumieren. Wir finden sie vorwiegend in unserem Quendel und Holunder.

Bitterstoffe: Das alte Sprichwort »Was bitter dem Mund, ist dem Magen gesund« beschreibt sehr gut die Hauptwirkung der Bitterstoffe. Sie sind eine Wohltat für Magen, Darm und Leber. In unserem Mund befinden sich Rezeptoren für das Schmecken des bitteren Geschmackes. Dadurch werden unsere Rezeptoren angeregt und die Magen- und Gallensaftproduktion wird vermehrt. Dies führt zur Anregung des

Appetits, die Verdauung wird gefördert und obendrein werden Fäulnis- und Gärungsprozesse ausgeschaltet. Somit sind für jedes Essen Bitterstoffe ein wunderbarer Begleiter. Schon Hippokrates hat auf Bitterstoffe geschworen, denn ein Drittel seiner 263 Arzneimittel waren Bitterstoffe. Auch Hildegard von Bingen empfahl Bitterstoffe als universelle Medizin. »Nach jedem Abendessen ein Schüsselchen Bitterkräuter« gehörte zum Ritual. In vielen alten Rezepten, dem sogenannten »Lebenselixier«, sind Bitterstoffe der Hauptbestandteil und werden als Kräftigungsmittel gepriesen. Auch heute hat fast jeder Haushalt noch einen »Magenbitter« daheim. Aber auch die Küchenkräuter enthalten oftmals Bitterstoffe. Von unseren Superfoods finden wir die meisten Bitterstoffe im Löwenzahn, gefolgt von der Minze, dem Quendel und der Preiselbeere.

Gerbstoffe: Gerbstoffe sind meist in Wasser leicht löslich und enthalten stickstoffreiche, organische Verbindungen. Sie verbinden sich bei Kontakt mit Eiweiß und verändern dessen Eigenschaften. Dadurch wirken sie auf unsere Schleimhäute und auf Wundflächen stark zusammenziehend und können durch ihre Gerbung unsere Haut- und Schleimhautdrüsen verschließen. Bei krankhaft gesteigerter Sekretion – auch der Magenschleimhäute – wirken sie mildernd und dämpfend. Somit helfen sie uns beispielsweise wunderbar bei Durchfall und als Gegengift bei Schwermetallvergiftungen. An ihrer desinfizierenden Eigenschaft können auch wir uns erfreuen und sie als entzündungshemmendes, antivirales und antibakterielles Mittel nutzen. Gerbstoffe enthalten: Brennnessel, Holunder, Quendel, Wacholder, Preiselbeere, Brombeere.

Ätherische Öle: Ätherische Öle sind extrem wertvolle Essenzen, die die Natur einigen Superfoods schenkt. Sie sind hochkonzentrierte Stoffe, die als kleinste Öltröpfchen in fast allen Pflanzenteilen gebildet werden. In einem Tropfen Öl sammelt sich die Heilkraft von einer ganzen Handvoll Pflanzenmaterial. Ätherische Öle verdampfen vollständig im Vergleich zu fetten Ölen, wie beispielsweise dem Sonnenblumenöl. Sie werden deshalb auch als »trockene« Öle bezeichnet.

Pflanzen mit ätherischen Ölen duften sehr intensiv und werden vor allem in der Aromatherapie angewendet. Hierzu werden mithilfe der Wasserdampfdestillation die wertvollen Essenzen gewonnen. Die Öle haben die Fähigkeit, auf mehreren Ebenen – Körper, Geist und Seele – zu wirken. Sie können über unsere Haut- und Schleimhäute, unseren Magen-Darmtrakt, unser Geruchssystem und auch unsere Lunge aufgenommen werden. Natürlich lassen sich auch hervorragend Speisen damit aromatisieren. Diese tolle Eigenschaft trägt unser Quendel, die Minze, die Wacholderbeere sowie ein wenig die Hagebutte und der Holunder.

Harz: Harze sind in ätherischen Ölen gelöst und erscheinen, sobald sich die Öle verflüchtigt haben, als zähflüssiger bis fester Rückstand. Sie wirken stark antiseptisch. Wir finden sie bei unserem Quendel, dem Holunder und der Wacholderbeere.

Wer sich noch tiefer mit den verschiedenen Inhaltsstoffen beschäftigen will, dem empfehlen wir das Buch von Ursel Bühring mit dem Titel *Praxis-Lehrbuch Heilpflanzenkunde*.

Scheinwerfer an für unsere zwölf liebsten heimischen Superfoods

Nun aber Scheinwerfer an für unsere zwölf Superfoods! Wir teilen mit euch sämtliche Details wie Herkunft, Volksgeschichtliches und Mystisches. Einen großen Teil des Buches bilden inspirierende Rezeptvorschläge zu jedem Superfood. Wir wollen ja schließlich, dass ihr etwas Schönes aus den tollen Lebensmitteln zaubert!

Wir haben bewusst sehr einfache Rezepte ausgewählt, die mit kleinen Handgriffen zu tollen Ergebnissen führen. Somit kann sie jeder nachmachen und je weniger unsere Superfoods »verschnörkselt« werden, desto reiner und ehrlicher werden die Speisen. Wir wünschen dir viel Spaß beim Nachkochen und Experimentieren. Bestimmt fallen dir noch eigene Kreationen ein. Oder du kannst deine bisherigen Lieblingsrezepte abwandeln und mit Superfoods aufpeppen – deiner Kreativität sind hier keine Grenzen gesetzt! Bei unseren Rezepten findest du von allem ein bisschen: Suppe, Salat, Hauptgang, Mehlspeise, Dessert, Drink, Müsliriegel, Sole, Salz und vieles mehr.

Ein ganz wichtiger Punkt ist auch für uns: Wenn das Rezept nicht klappt, wie du es dir vorstellst, bitte die Superfoods nicht wegwerfen. Überlege dir zuerst, ob du sie auf eine andere Art und Weise nicht doch noch weiterverarbeiten oder genießen kannst.

DER LÖWENZAHN

Geballte Bitterpower

Wissenswertes über das Kraftpaket

Seit sehr langer Zeit ist die alte Heilpflanze schon bekannt. Auch in unseren Breitengraden kennt sie fast jeder. Zumindest noch aus der Kindheit, als »Pusteblume«. Sie wurde früher auch gern als »Kuhpflanze« bezeichnet, denn es war üblich, sie Kühen ins Futter zu mischen, damit sie genügend Milch produzieren. Auch unter dem Namen »Butterblume« und »Milchblume« ist der Löwenzahn bekannt. Er gehört zur Familie der Korbblütler und ist über die ganze nördliche Halbkugel in mehr als 100 Unterarten und Varianten verbreitet. Durch sein häufiges Vorkommen wird er auch gern als Unkraut angesehen, jedoch ist er das ganz und gar nicht! Wie ihr später auch selbst sehen werdet, können wir von ihm das ganze Kraut genießen, von der Blüte, dem Stängel, den Blättern bis zur Wurzel, und uns an seiner Heilkraft erfreuen. An seinem röhrigen, milchigen Stängel und seinem hell leuchtend gelben Blütenkopf können wir ihn leicht erkennen. Abends und bei trübem Wetter schließen sich die Blüten und morgens öffnen sie sich wieder. Es ist wunderbar, dieses Naturspektakel zu beobachten.

Wann und wo ihr ihn findet

Der Löwenzahn wird im Frühjahr munter, sobald wir bereit sind für einen Frühjahrsputz. Der dottergelb blühende Löwenzahn ist eine sehr ausdauernde Pflanze und macht uns von April bis Oktober in einer Höhe zwischen 10 und 60 cm eine Freude. Vor allem im Wonnemonat Mai beglücken seine Blüten uns und unsere Wiesen. Es blühen nicht alle Pflanzen gleichzeitig und einzelne Blüten sieht man sogar noch bis zum ersten Frost. Er ist weit verbreitet und wächst für uns auf jedem Boden in der Sonne bis Halbschatten. Vor allem mag er fette Wiesen, Weiden, Parkanlagen und Gärten. Wenn ihr darauf achtet, werdet ihr ihn auch auf Straßen zwischen dem Asphalt sehen. Er nimmt dort die Abgase in sich auf und wandelt sie in pure Luft um. Was für eine selbstlose, wunderbare Pflanze das doch ist!

Wie er wirkt

Die Signaturenlehre (Dinge, die aussehen wie ein bestimmtes Organ oder andere Ähnlichkeiten aufweisen, helfen meist auch bei Beschwerden an ebendiesem Organ) besagt, dass der Löwenzahn aufgrund seiner gelben Farbe bei Gelbsucht hilft. Der hohle Stängel weist auf seine ausleitende Eigenschaft hin.

Der Löwenzahn enthält einen Milchsaft, der den Bitterstoff »Taraxin« beinhaltet. Er macht den Löwenzahn zu einem wunderbaren Helfer für unseren ganzen Magen-Darm-Trakt. Die Bitterstoffe regen die Verdauungsdrüsen an und somit ist der Löwenzahn sehr gallebildend, gallenflussfördernd, nierenanregend, leberstärkend und stoffwechselanregend. Auch bei chronischen Erkrankungen wie Rheuma und Atemwegserkrankungen kann er wahre Wunder bewirken.

Er ist ein hervorragender Unterstützer bei der Frühjahrskur und auch ein echter Allrounder in der Volksheilkunde. Der Löwenzahn holt uns aus dem Winterschlaf und hilft uns, wieder in Schwung zu kommen. Es heißt »Die Müdigkeit ist der Schmerz der Leber«. Die Leber ist unser zentrales Entgiftungsorgan und alles, was dem Körper an »zu viel« zugefügt wird, will ausgeschieden werden. Wenn der Körper das nicht mehr schafft, bleiben die Stoffwechselendprodukte in der Leber »sitzen« und wir werden müde und träge. Der Löwenzahn regt die Nieren an und macht sie bereit für die Schadstoffausscheidung. Er befreit uns von unnötigem Ballast, indem er unsere Leber, Nieren und unser Blut reinigt. Das Schöne ist, dass sich all diese Organe sehr schnell erholen können und wir somit auch wirklich zeitnah spüren können, wie es uns und unserem Organismus besser geht.

Jeder Pflanzenanteil des Löwenzahns hat seine eigene Spezialwirkung: Die Wurzel ist der bitterste Teil der Pflanze und führt zu einer Entschlackung auf tiefster Ebene. Sie stärkt auch unsere Knochen. Der Stängel ist für die Reinigung der Milz, der Leber und, laut Anthony William, auch des Gehirns zuständig. Dem Stängel wird auch nachgesagt, dass er unsere Sehschärfe steigert und Nachtblindheit lindert. Die Blätter, die oft aussehen wie nach einem Raubkatzenbiss, helfen, das Blut und unser Lymphsystem zu säubern und wirken stark durchblutungsfördernd. Die Blüten sind noch immer bitter, aber haben auch schon einen leicht süßlichen Geschmack. Sie haben die große Aufgabe, unsere Hohlorgane wie Magen, Darm, Blase, Lunge und Herz zu reinigen.

Löwenzahn ist gut zu unserem Kreislauf: Er reguliert ausgleichend sowohl niedrigen als auch erhöhten Blutdruck.

Obendrein ist der Löwenzahn vollgepackt mit Nährstoffen: Vitamin A, B, C, K, Kalium Mangan, Jod, Kalzium, Eisen, Magnesium, Selen und Kieselsäure sind in rauen Mengen in ihm enthalten. Die Wurzel enthält sogar etwas Vitamin D. Also wenn das mal kein Kraftpaket ist? Der Löwenzahn hilft uns durch seine geballte Ladung an gesundheitsfördernden Bestandteilen bei der Abwehr von Krankheitserregern und gibt uns Vitalität, Kraft und Lebensfreude! Also genieße ihn und nimm seine Lebenskraft in dich auf, wann immer du ihm begegnest!

Was ihr daraus machen könnt

Wenn ihr Löwenzahn auf eurem Weg findet, könnt ihr ihn direkt mit Blüte und Stängel verzehren. Ihr werdet gleich merken, wie bitter er schmeckt. Genau das macht ihn so wertvoll für unseren Organismus. Wenn ihr ihn sammeln wollt, achtet darauf, dass ihr ihn zügig weiterverarbeitet, damit die Blätter nicht »zusammenfallen«. Ihr könnt ihn direkt frisch als Salat genießen, zu einem Saft pressen, in Smoothies mischen, ein Pesto daraus kreieren, blanchieren, braten oder grillen.

LÖWENZAHNSALAT
mit Hagebuttendressing

Dieser schmackhafte Energiekick aus Löwenzahnblättern gibt uns Kraft für den ganzen Tag. Damit die bittere Note nicht überwiegt, geben wir gern etwas Honig ins Dressing. Nehmt nach Möglichkeit möglichst junge Triebe der Blätter. Natürlich könnt ihr den Salat auch nach Belieben mit anderen Salatarten und Rohkost mischen.

Zutaten
- 2 Handvoll Wildkräuter, Löwenzahn
- Gelbe Rüben, geraspelt
- 1 Apfel
- Haselnüsse, geröstet
- optional: Fenchel, Rote Bete, Orange

Dressing
- 100 g Hagebuttenmus
- 3 EL Apfelessig
- 3 EL Speiseöl (zum Beispiel Olivenöl, Haselnussöl)
- 1 TL Senf
- 1 EL Honig
- eine Prise Salz
- Pfeffer nach Belieben

Zubereitung
Die Zutaten für das Dressing zusammen im Mixer aufrühren. Salat mit dem Dressing anrichten und gleich genießen.

LÖWENZAHNSAFT
Reinigung und Kraft

Zutaten
- 1 Handvoll frische Löwenzahnblätter
- 1 Handvoll junge Spinatblätter
- 4–5 Stangen Stangensellerie
- 1 Birne
- 1 Apfel
- einige Spritzer Zitronensaft

Zubereitung
Alle Zutaten in einen Entsafter geben.
Direkt genießen.

GEBRATENER LÖWENZAHN
*Macht sich hervorragend
als außergewöhnliche Beilage!*

Zutaten
- 4 ganze Löwenzahnpflanzen
- 800 g mehligkochende Kartoffeln
- 150 ml Milch
- 30 g Butter
- 1 TL Salz
- 1 Prise geriebene Muskatnuss
- 1 mittelgroßer Hokkaidokürbis
- 100 g Haselnüsse, geröstet

Zubereitung
Die Kartoffeln schälen und in Salzwasser weichkochen.
Das Wasser abschütten und mit der Milch angießen.
Mit einem Rührgerät zu einem homogenen Brei rühren,
mit Salz abschmecken und mit Butterflöckchen verfeinern.
Den Kürbis mit wenig Öl in der Pfanne anbraten
und mit Salz und Pfeffer abschmecken.
Den Löwenzahn gut waschen, den Wurzelansatz abschaben,
abtupfen und mit einem Küchentuch trocken tupfen.
Mit wenig Öl anbraten und mit Salz und Pfeffer abschmecken.
Anrichten und genießen.

DIE BRENNNESSEL

Die wilde Alleskönnerin

Wissenswertes über das Kraftpaket

Die Brennnessel kommt aus der Familie der Nesselgewächse und wächst bis zu 1,20 Meter hoch. Sie ist schon seit der Antike als starke Heilpflanze bekannt. Doch bei uns wird sie heute meist als lästiges Unkraut angesehen, da sie so weit verbreitet ist. Doch sie ist eine wahre Orakelpflanze, die die Natur uns kostenfrei zur Verfügung stellt. Es heißt, wo sie steht, schlägt der Blitz nicht ein. Und in die Milch eingerührt bleibt diese länger haltbar und wird nicht so schnell sauer. Im Frühjahr reichlich genossen, hält die Brennnessel das ganze Jahr Krankheiten fern. Doch es gab auch Zeiten, in denen sie verboten wurde. Im Mittelalter war sie in Klöstern strengstens untersagt, da die Samen der Brennnessel das Liebesfeuer und die Manneskraft entfachen. Die Brennnessel galt als Fruchtbarkeitsmittel und Aphrodisiakum – und das war natürlich im Kloster nicht gewünscht. Aber vielleicht erfreust du dich heute ja genau an dieser Wirkung?

Wo und wann ihr sie findet

Mit der Brennnessel haben wir ab dem Zeitpunkt direkt nach der Schneeschmelze (je nach Winterverlauf im März) bis in den Oktober hinein eine Freude. Wir finden sie auf jedem Boden, vor allem in der Nähe von menschlichen Behausungen, an Zäunen, Schuttplätzen, Ödland und Grabenrändern. Am besten gedeiht sie auf fetten, stickstoffreichen Böden in der Sonne bis Halbschatten. Sie ist wie die Minze auch eine sehr ausdauernde Pflanze.

Bestimmt kennt ihr das Brennen auf der Haut, wenn ihr die Brennnessel berührt. Wir empfehlen, die jungen und frisch nachgewachsenen Triebspitzen und Blätter zu sammeln, die alten Blätter sind meist sehr grobfasrig und schmecken noch dazu sehr herb.

Die Brennnesselsamen möchten wir hier auch unbedingt erwähnen. Sie finden wir als grüne Samen im Juli und August und als reife Samen von September bis Oktober direkt zwischen den Blättern.

Wie sie wirkt

Die Brennnessel ist vor allem bekannt für ihre harntreibende und nierenstärkende Wirkung. Seit Jahrhunderten wird sie erfolgreich bei Wassersucht angewendet. Außerdem wirkt die Brennnessel schmerzstillend, entzündungshemmend, blutdrucksenkend, schleimlösend, stoffwechselanregend, blutreinigend, cholesterinsenkend, allgemein stärkend und basisch. Studien ergaben, dass sie auch unseren Blutzuckerspiegel senken kann.

Sie ist reich an Kieselsäure, Magnesium, Kalium, Kalzium, Phosphor, Silicium, Natrium, Sekretin, Gerbsäure, Karotinoiden, Flavonoiden, Vitamin A, B, C, Hormonen und Enzymen. Vor allem ihren Eisengehalt wollen wir noch gesondert erwähnen. Bei Eisenmangel oder Problemen mit der Eisenaufnahme eignet sich die Brennnessel hervorragend. Dies erklärt Anthony William durch ihre fördernde Wirkung auf unsere Nebennieren, die unter anderem für die Produktion unseres Power- und Stresshormons Adrenalin verantwortlich sind. So viele Menschen sind in der heutigen Zeit überbelastet und haben hormonelle Dysharmonien. Wie schön, dass wir jetzt ein Kraut gefunden haben, das uns so herrlich stärkt! Die Brennnessel wird durch ihre Wirkung auf unser Hormonsystem auch als »Fruchtbarkeitskraut« bezeichnet. Die Produktion der Eizellen wird durch die Einnahme der Blätter gefördert und der Körper wird obendrein von schädlichen, künstlichen Hormonen, die er nicht mehr braucht, befreit.

Brennnesselblätter können uns durch ihre allgemein kräftigende Wirkung auch psychisch stärken. Vor allem in Stresszeiten steht uns die Pflanze optimal zur Seite. Wenn man sich näher mit der Brennnessel beschäftigt, wird man merken, welch tolle Eigenschaften sie besitzt. Sie lässt sich nicht vertreiben und ist sehr stark und aufrecht. Sie richtet auch uns auf und hilft uns, zentriert und bei uns zu bleiben.

Bei Gicht und Rheuma sollte mit dem frisch gepflückten Kraut dreimal täglich die betroffene Hautstelle bestrichen werden. Die Haut wird dadurch an der betroffenen Stelle vermehrt durchblutet und das kann bei der Heilung unterstützen. Beim Sammeln ist die brennende Wirkung eher lästig. Aber es gibt einen Trick: Nimm die Blätter zwischen Daumen und Zeigefinger und greife sie von unten an. Die Brennhaare sind überwiegend an der Blattoberseite. Unseren Geheimtipp zum Samen sammeln teilen wir hier auch mit euch: Nehmt eine Stofftasche, stülpt sie vorsichtig über die ganze Brennnesselpflanze. Umschließt mit dem Beutel die ganze Pflanze und zieht von unten nach oben entlang des Stiels die Samen in den Beutel. Somit pikst euch nichts und ihr habt im Handumdrehen eine riesen Ernte.

Brennnesselsamen sind wahre Energiebomben. Sie wirken, wie oben schon erwähnt, stark aphrodisierend und beleben unseren gesamten Organismus. Neben zahlreichen Vitaminen und Nährstoffen tragen sie vor allem einen hohen Anteil an pflanzlichem Eiweiß in sich.

Was ihr daraus machen könnt

Die Brennnessel ist ein wahres Allroundtalent und ihr könnt sie auf verschiedene Weise genießen. Man kann sich mit ihr vom Blattgemüse über Spinat, Suppe bis hin zum Öl, Tee, Pesto oder Sirup austoben. Frische Brennnesselspitzen, Brennnesselblätter, Blüten und Samen können sämtlichen Speisen beigemengt werden. Und kurz blanchiert, das heißt mit heißem Wasser übergossen oder kurz ins kochende Wasser eingelegt, verliert sie ihre piksende Eigenschaft und kann schmerzfrei genossen werden. Auch mithilfe eines Nudelholzes kann die Brennnessel piksfrei gemacht werden: Einfach damit über die Blätter rollen – dadurch werden die Brennhaare abgebrochen.

Die Brennnesselsamen sind ein hochpotentes Nahrungsergänzungsmittel und ihr könnt verschiedenste Speisen damit aufwerten. Ihr könnt sie direkt aufs Butterbrot geben, in Salate, zum Backen und in Smoothies verwenden und vieles mehr.

Für die Vorratshaltung die Samen kurz in einer Pfanne anrösten und nach dem Trocknen in ein sauberes, luftdichtes Gefäß geben und jederzeit genießen. Die Samen werden durch das Anrösten knackig und schmecken fein nussig. Auch für eine Mischung mit Kräutersalz eignen sie sich hervorragend. Wir stellen euch hier unser Lieblingsbrot mit Brennnesselsamen und noch ein paar weitere Brennnesselschmankerl vor.

Frischer Pflanzensaft als Kur bringt die Lebensgeister wieder auf Vordermann. Der Saft schmeckt metallisch, schon dadurch ist sein hoher und sehr nährstoffreicher Eisengehalt erkennbar. Zusammen mit Wasser, Tee und saurer Milch soll er als Kur über einen Monat hinweg eingenommen werden.

Wann immer ihr beim Spazierengehen schöne, frische Triebspitzen findet, könnt ihr sie mitnehmen. Ein frischer Brennnesseltee ist etwas Wunderbares. Zur Gesundheitsförderung empfehlen wir einmal jährlich eine dreiwöchige Brennnesselteekur. Startet am besten gleich im Frühjahr, wenn die ersten jungen Triebe spießen. Täglich drei Tassen über den Tag verteilt trinken. Nach drei Wochen einen anderen Tee genießen und nach ein paar Monaten kann man die Kur, wenn nötig, wiederholen. Ins Frühjahr mit einer dreiwöchigen Brennnesselteekur zu starten, ist eine Kraftquelle für unser ganzes System. Es holt alle Müdigkeit aus unseren Zellen heraus!

BRENNNESSELKNÄCKEBROT MIT BRENNNESSELSAMEN

Unser Brennnesselknäckebrot ist sehr leicht nachzumachen und schmeckt einfach köstlich.

Zutaten
- 120 g Dinkelvollkornmehl
- 120 g Haferflocken
- 100 g Sonnenblumenkerne
- 25 g Sesam
- 50 g Leinsamen
- ½ TL Salz
- 2 EL Olivenöl
- 500 ml Wasser
- 25 g Brennnesselsamen
- 25 g Hanfsamen, geschält

Zubereitung

Backofen auf 170 Grad Umluft vorheizen. Alle Zutaten in einer Schüssel mit einem Küchenmixer zu einem flüssigen Teig verarbeiten. Zwei Backbleche mit Backpapier auslegen und Masse schön dünn aufstreichen. Ab in den Ofen für 10 Minuten, dann herausholen und aufschneiden. Wieder in den Ofen für ungefähr 45 Minuten. Abkühlen lassen und genießen. Das Knäckebrot hält trocken gelagert für ungefähr 2 Wochen.

SAUERTEIGBROT MIT BRENNNESSELSAMEN
Will einmal die Woche gebacken werden!

❦

Zutaten
· viel Zeit
· 500 g Roggenmehl Type 1150
· 1 Tasse Sauerteigansatz
· 1–2 Tassen Wasser
· 1 TL Salz
· 1 TL Brotgewürz
· 2 EL Brennnesselsamen
· nach Belieben Sonnenblumenkerne, Nüsse, Leinsamen, am besten mehrere Stunden angekeimt

–

Zubereitung
Den Sauerteigansatz aus dem Kühlschrank nehmen und mit 250 g Mehl und Wasser zu einem Teig verrühren. An einem warmen Ort mehrere Stunden in einer großen Keramikschüssel mit einem Teller abgedeckt gehen lassen. Wenn der Teig das doppelte Volumen erreicht hat, geht es weiter. Zuerst wird für das nächste Backen ein Teil des Teiges weggenommen – ca. 4 EL, in ein großes Schraubglas geben und im Kühlschrank aufbewahren – hält sich 1–2 Wochen und bis zum nächsten Backen. Die übrigen 250 g Mehl, Brotgewürz, Salz, Brennnesselsamen und Sämereien zugeben, mit Wasser zu einem festen Teig verkneten und abgedeckt weitere 3 Stunden gehen lassen. Den Teig aus der Schüssel nehmen und auf einer bemehlten Arbeitsfläche zum Brotlaib formen. In ein bemehltes Gärkörbchen geben und eine weitere Stunde gehen lassen. Dann Backofen auf 250 °C vorheizen und den Brotteig auf ein mit Backpapier ausgelegtes Blech stürzen. Für 30 Minuten backen, dann auf 160 °C schalten und weitere 30 Minuten backen. Abkühlen lassen und genießen.

Sauerteigansatz

Ein Sauerteigansatz kann mit etwas Geduld ganz leicht selbst hergestellt werden. Dazu wird nur Roggenmehl, Wasser und Zeit benötigt. Am ersten Tag wird eine halbe Tasse Mehl mit etwas Wasser zu einem dickflüssigen Teig angerührt und an einem warmen Ort aufgestellt. In der folgenden Woche wird der Teig täglich mit einer halben Tasse Roggenmehl und Wasser »gefüttert«. Der Teig wird lebendig werden, Blasen werfen, sauer riechen. Das ist ein gutes Zeichen, dann kann ein erster Backversuch unternommen werden. Bei jedem wird der Sauerteigansatz ein wenig anders werden, weil die Zusammensetzung der Mikroorganismen in jeder Küche individuell ist.

BRENNNESSELSUPPE
Der bekömmliche Frühjahrsputz!

Zutaten
- 2 Handvoll Brennnesseln
- 1 Zwiebel
- 1 Knoblauchzehe, gepresst
- ½ kleine Sellerieknolle
- 2 große Kartoffeln
- 1,5 l Gemüsefond
- 1 Becher Creme fraiche
- Salz
- Muskatnuss
- Pfeffer
- 10 Haselnüsse, geröstet

Zubereitung
Die Zwiebel klein hacken und in etwas Öl andünsten. Die Sellerieknolle in kleine Würfel schneiden und zu den Zwiebeln geben. Die gewaschenen Brennnesseln grob zerteilt dazugeben und leicht anbraten. Mit dem Gemüsefond aufgießen und die kleingeschnittenen Kartoffeln zugeben. Für 10 Minuten köcheln lassen. Die Suppe pürieren und mit Creme fraiche, Salz, Pfeffer sowie Muskatnuss abschmecken. Anrichten und mit den gerösteten Haselnüssen garnieren. Dazu schmeckt ein Butterbrot mit frischen Sprossen und unser Quendel-Salz.

BRENNNESSEL-QUICHE
Die Quiche mit Suchtcharakter.

Zutaten
Mürbteig
- 300 g Mehl, gesiebt
- 150 g Butter, kalt, in Stückchen gehackt
- 2 kleine Eier
- ½ TL Salz

Belag
- 2 Handvoll Brennnesseln
- nach Belieben: Kartoffel, Gelbe Rüben, Rote Bete, Zucchini, Pastinake

Guss
- 350 g Creme fraiche
- 4 Eier
- Muskatnuss
- frischer Pfeffer
- Salz
- 1 kleine Tasse geriebener Parmesan
- 2 EL Semmelbrösel

Zubereitung
Das Mehl auf der Arbeitsfläche häufen und die kalten Butterstückchen, die Eier und das Salz zu einem glatten Teig verkneten. Teigballen in eine Schüssel legen, abdecken und für eine Stunde im Kühlschrank kaltstellen. Backofen auf 180 Grad Umluft vorheizen. Einen großen Topf mit Wasser zum Kochen bringen und die Brennnesseln für 2 Minuten blanchieren. Brennnesseln gut ausdrücken, damit nicht zu viel Wasser in die Quiche kommt.

Den Mürbteig auf einer leicht bemehlten Arbeitsfläche mit einem Nudelholz dünn ausrollen und in eine Springform, mit Butter und Mehl ausgekleidet, oder Quicheform geben. Den Boden mit 2 EL Semmelbrösel bedecken. Das Gemüse mit einem Sparschäler längs in dünne Scheiben schneiden. Alle Zutaten für den Guss mit einem Mixgerät gut verquirlen und auf den Kuchenboden geben. Die Kuchenform ausgehend vom Rand mit dem Gemüse und den Brennnesseln auslegen. 60 Minuten backen, bis der Mürbteig am Rand leicht gebräunt und die Gussmasse fest geworden ist. Etwas auskühlen lassen und noch lauwarm genießen.

DER HOLUNDER

»Vorm Holler sollst du den Hut ziehen.«
(Volksmund)

Wissenswertes über das Kraftpaket

Der Holunder stammt aus der Familie der Geißblattgewächse, ist in der botanischen Literatur als Moschuskrautgewächs bekannt, und zählt zu den ältesten Heilpflanzen überhaupt. Er ist hoch angesehen und ihm wird seit jeher eine erstaunliche Heilkraft nachgesagt. Er ist ein heiliger Baum, Hausapotheke und Sitz der guten Geister. Er ist mit der Seele des Menschen verbunden und wurde früher als pflanzliches Familienmitglied und lebendiger Medizinschrank geheiligt. Es heißt somit nicht umsonst: »Vorm Holler sollst du den Hut ziehen«. Es bezeichnet seine enorme Heilwirkung und es gibt auch viele Märchen, in denen erzählt wird, dass Frau Holle und die guten Hausgeister in ihm wohnen würden. Also gleich ein doppelter Grund, vor ihm den Hut zu ziehen. Früher trugen die Frauen ihre Neugeborenen zum Holunderstrauch, damit diese von Mutter Erde gut im Leben aufgenommen werden. Und wehe, jemand hat einen Ast des Strauches gestutzt oder womöglich den ganzen Baum gefällt, ohne den Holunder vorher zu fragen. Dem war danach nicht mehr zum Spaßen zumute – ihm wurde das schlimmste Schicksal vorhergesagt. Holler bezeichnet die gängige Abkürzung für Holunder und wir sagen euch, er ist es wirklich wert, ihn näher zu betrachten.

Wo und wann ihr ihn findet

Der Holunder ist ein Strauch, der bis zu fünf Meter hoch werden kann. Ältere Sträucher sind oft sehr korkig. Er wächst auf fast jedem Boden, am liebsten bei stickstoffreichen Bodenverhältnissen in der Sonne bis Halbschatten. Vor allem findet ihr ihn in Hecken, Gebüschen, feuchten Wäldern, Geröll, Steinbrüchen, Bachufern, neben Äckern und Bauernhöfen. Er liebt die Nähe des Menschen und siedelt sich gerne in der Nähe von Häusern an. Er wächst vom Flachland bis auf ungefähr 1.200 Metern in den Alpen. Achtet beim Sammeln auf die eindeutige Erkennung des Holunders und die wichtigsten Unterscheidungsmerkmale zwischen dem Attich und dem Roten Holunder. Der giftige Attich, auch als Zwergholunder bekannt, wächst deutlich niedriger; bis zu maximal 150 Zentimeter. Seine Früchte sind nach oben gerichtet, die des Schwarzen Holunders hängen herunter. Außerdem riechen »unsere« Beeren neutral bis gut und die des Attichs sehr unangenehm. Den Roten Holunder erkennt ihr ganz einfach an seinen knallroten Beeren. Die roten Beeren sind im rohen Zustand giftig, können aber nach dem Entfernen der Steinkerne und durch das Kochen ebenso genossen und weiterverarbeitet werden. Das Besondere an unserem Holunder ist, dass wir ihn zweimal im Jahr ernten können. Im Frühjahr, meist zwischen Mai und Juli, erfreuen uns die sanften weißen Blüten, welche unsere Wald- und Wegesränder schmücken. Ihr betörender Duft zieht uns schon von weit weg magisch an. Im Herbst, meist zwischen September und Oktober, werden wir von den tiefschwarz leuchtenden Beeren mit ihrem dunkelrot-violetten Saft beschenkt. Die Beeren sind botanisch gesehen gar keine Beeren, sondern kleine Steinfrüchte. Im gängigen Sprachgebrauch werden sie jedoch als Beeren bezeichnet und so nennen wir sie auch. Achtet darauf, dass ihr die Beeren erst sammelt, wenn sie ihre volle kräftige Farbe erreicht haben. Auch die Stiele verfärben sich rötlich, wenn die Beeren reif sind. Aber zu spät dürft ihr auch nicht dran sein – sobald sie reif sind, zählen die Stunden. Denn auch die Vogelwelt, vor allem die Amseln, Drosseln und Stare wissen genau, wann der richtige Erntezeitpunkt ist. Und dann kann es sein, dass eure lieben Beeren, die ihr schon eine Weile beobachtet habt, plötzlich »abgeerntet« sind. Wenn ihr vor den Vögeln bei den reifen Vitaminbomben seid, achtet bitte darauf, ihnen auch noch etwas übrig zu lassen. Und keine Holunderbeeren beim Sammeln naschen, sie sind roh nämlich giftig! Also gleich mit nach Hause nehmen und weiterverarbeiten.

Wie er wirkt

Der Holunder ist ein Booster für unser Immunsystem. Rutin, ätherisches Öl, Gerbstoffe, Schleim, Saponin, Harz, Zucker, Glykoside, Flavonoide, Vitamin C und Vitamin A sowie Mineralien sind in dieser tollen Pflanze enthalten. Holunderblüten sind durch ihr enthaltenes ätherisches Öl vor allem nieren- und blasenwirksam und sehr schweißtreibend. Aus diesem Grund werden sie sehr erfolgreich bei sämtlichen Erkältungskrankheiten angewendet. Die gleichen Wirkungen werden auch den Beeren nachgesagt. Zugleich können sie unser Blut reinigen und neues bilden. Die Beeren eigenen sich somit hervorragend für eine Blutreinigungskur. Obendrein haben sie einen extrem hohen Vitamin C-Gehalt und sind reich an Antioxidantien.

Was ihr daraus machen könnt

Nutzt die Gunst der Stunde und genießt den Holunder zweimal im Jahr in großen Mengen. Ihr könnt ihn auch gut konservieren und habt somit das ganze Jahr, bis zu den nächsten Blüten, etwas von diesem tollen Superfood, das uns so das ganze Jahr über mit seinen Heilkräften versorgt. Aus Holunderblüten könnt ihr sowohl rohe als auch gekochte oder gebackene Spezialitäten kreieren. Sie eignen sich zur Herstellung vom bekannten Holunderblütensirup, einem schönen Gelee mit Blüten, gebackenen Holunderblüten, der Herstellung von Tee und vielem mehr. Holunderblütentee ist in der Volksmedizin als »*das* Mittel gegen Erkältung« bekannt und wir empfehlen, immer einen Jahresvorrat an getrockneten Holunderblüten anzulegen.

Bei den Holunderbeeren müsst ihr jedoch achtgeben! Sie leuchten so betörend durch die schöne Herbstzeit, jedoch sind sie im rohen Zustand giftig. Also die Beeren immer gut kochen und erst dann weiterverarbeiten. Sensible Menschen können auf die beim Kochen freiwerdende Blausäure mit Schwindel und Übelkeit reagieren. Also wenn möglich beim Kochen der Hollerbeeren den Lüfter einschalten oder das Fenster öffnen. Aus den Beeren könnt ihr einen herrlichen Schnaps oder Likör machen, einen Holunderessig, eine wunderbare Marmelade, ein Gelee oder auch eine Suppe. Das Abrebeln der Beeren geht am einfachsten, wenn ihr die Traube am Stiel haltet und die Beeren mit einer Gabel oder einfach direkt mit den Fingern abrebelt. Danach sind die Hände aber gewiss tiefschwarz – mit heißem Wasser und einem guten Spülmittel oder etwas Zitronensaft ist die Farbe jedoch gut zu entfernen. Natürlich könnt ihr auch Handschuhe zum Abrebeln nehmen, aber wir halten am liebsten direkten Hautkontakt mit unserem Superfood.

Wir stellen euch hier unsere liebsten Hollerrezepte vor:

HOLLERSIRUP

Holt euch den Sommer ins Haus! Der Sirup peppt geschmacklich jedes Getränk auf und ist noch dazu ein Vitaminkick.

Zutaten
- 10 Hollerblütendolden
- 1 Bio-Zitrone
- 1 kg Zucker
- 1 l Wasser

—

Zubereitung

Den Zucker mit dem Wasser aufkochen, bis sich der Zucker aufgelöst hat. Die Holunderblütendolden in ein großes Glas geben und mit dem ein wenig abgekühlten, aber noch heißen Zuckersirup auffüllen. Die Zitrone gut waschen, in Scheiben schneiden und auf den Hollersirup geben. Für drei Tage an einem kühlen Platz ziehen lassen. Ideal ist ein Keller. Absieben und den Sirup in saubere, keimfreie Flaschen abfüllen. Kühl lagern und bald genießen.

HOLUNDERNACHSPEISE

*Hier haben wir uns ein ganz besonderes Dessert
einfallen lassen.*

**Zutaten für 6 Portionen
Sauerrahmmousse**
- 2 Blatt Gelatine
- 1 Bio-Zitrone, Schale und Saft
- 1 Becher Sauerrahm
- 1 Becher Sahne
- 40 g Puderzucker

–

Holundercreme
- 200 ml Holundersaft
- 10 g Puderzucker
- 1 Päckchen Vanillesoße ohne Kochen

–

Zubereitung

Die Gelatine in kaltem Wasser aufweichen lassen. Die Sahne steif schlagen, den Sauerrahm und den Puderzucker zugeben, die Bio-Zitronenschale abreiben und unterrühren. Die Gelatine mit dem Zitronensaft in einem kleinen Topf erwärmen und auflösen. Unter ständigem Rühren die Gelatine zur Mousse geben. Gut verrühren und in 6 Gläser aufteilen. Die Sauerrahmmousse gut gekühlt eine halbe Stunde lang ruhen lassen. Für die Holundercreme den Holundersaft mit dem Päckchen Vanillesoße und dem Puderzucker mit einem Schneebesen gut verrühren. Die Creme auf die Sauerrahmmousse geben und genießen.

HOLLERGLÜHZAUBER

*Der wahrscheinlich beste Glühwein,
den ihr je getrunken habt!*

Zutaten
- 200 ml Holundersaft
- 600 ml Apfelsaft
- 2 EL Honig
- Saft von 1 Orange
- 2 Sternanis
- 2 Nelken
- 1 Zimtstange
- optional ein Schuss Rum

Zubereitung

Holundersaft mit dem Apfelsaft und den Gewürzen in einem Topf erhitzen und 5 Minuten ziehen lassen. Anschließend den Orangensaft hinzugeben. Die Gewürze aus dem Glühzauber nehmen, in Tassen füllen und heiß genießen. Wer einen Punsch mit Alkohol haben möchte, kann noch einen Schuss Rum zugeben.

DIE HIMBEERE

»Die rosarote Versuchung«

Wissenswertes über das Kraftpaket

Die Himbeere ist eine Verwandte der Brombeere und gehört ebenso wie sie zur Familie der Rosengewächse. Sie wächst auf bis zu zwei Meter hohen Sträuchern und ihre Zweige sind mit feinen Dornen besetzt. Deshalb muss man beim Sammeln immer auf die Finger aufpassen. Die Beeren locken mit ihrer betörend roten Farbe und wer näher herankommt, bemerkt schnell ihren unvergleichlichen Duft. Schon seit der Steinzeit ist die Himbeere an der Seite von uns Menschen. Unsere Ahnen haben sie sehr verehrt. Wer sie sammelte, hat ihr auch etwas zurückgegeben. So war es gang und gäbe, sich bei ihr mit einem Opfergeschenk aus der eigenen Ernte zu bedanken.

Die Bauern haben sich früher an der Reife der Himbeere orientiert, wie das Korn in diesem Jahr wächst: »Wie die Himbeeren reifen, so reift auch das Korn«.

Wann und wo ihr sie findet

Die Zeit des großen Himbeergenusses ist von Juni bis September. Sobald die Superbeeren ihre verführerische rote Farbe erreicht haben, sich leicht von dem Blütenboden lösen und süß schmecken, sind sie reif. Die aromatischen Kraftpakete findet ihr auf kalkfreien, sonnigen Böden, in sonnigen Waldlichtungen und Waldrändern, auf Kahlschlägen, in Gebüschen und Heiden, bis auf ungefähr 2.500 Metern. Also immer schön die Augen aufmachen für die roten Schmankerln.

Wie sie wirkt

Wilde Himbeeren sind eine köstliche Geschmacksexplosion. Im menschlichen Organismus wirkt die Beere entzündungshemmend, blutreinigend, beruhigend, fiebersenkend, leicht abführend, harntreibend und schweißtreibend. Sehr hilfreich ist sie auch bei der Regulierung von frauenspezifischen Leiden und sie kann bei sämtlichen Wehwehchen rund um den weiblichen Zyklus verwendet werden. Sie wird sogar zur Erleichterung der Geburt eingesetzt. Und nach der Geburt helfen sowohl die Blätter als auch die Früchte, die Milchproduktion und die Rückbildung der Gebärmutter anzuregen.

Himbeeren sind außerdem reich an Gerbstoffen, Kalzium, Eisen, Karotin, Vitamin B1/B2, C, E und Kalium. 100 g Himbeeren decken bereits unseren Tagesbedarf an Vitamin C! Auch eine vor Krebs schützende Eigenschaft wird ihr nachgesagt.

Das Schöne ist, dass Himbeeren durch ihren Basenüberschuss auch unser Gewebe entsäuern und somit für den ganzen Organismus eine Wohltat sind.

Ebenso wie bei der Brombeere könnt ihr aus den Himbeerblättern einen wohltuenden und vor allem auch wohlschmeckenden Tee zubereiten. Die Blätter wirken stärkend auf unser Hormonsystem und fördern die Östrogen-Progesteron-Testosteronproduktion. Wenn du dir ein Kind wünschst, dann trinke täglich Himbeerblättertee. Dies gilt sowohl für die Frau als auch für den Mann.

Was ihr daraus machen könnt

Von Himbeeren können wir nicht genug haben! Wir genießen ihr unvergleichliches Aroma am liebsten pur. Augen zu und auf der Zunge zergehen lassen. Mmmmhhh! Es lassen sich natürlich auch wunderbare Rezepte mit ihr verfeinern und kreieren. Ihr könnt sämtliche Speisen wie Smoothies, Müsli, Kuchen und Salate mit ihr geschmacklich als auch nährstofftechnisch aufwerten. Himbeeren werden oft auch dazu benutzt, pharmazeutische Präparate für Kinder geschmacklich zu verbessern. So werden diese einfach in Himbeersaft eingerührt.

WALDHIMBEER-TÖRTCHEN

*Oh wie zauberhaft sehen doch unsere Waldhimbeertörtchen aus!
Sie sind einfach zuckersüß, so wie die Beeren selbst auch.
Ihr könnt sie entweder nur mit einer Beerensorte herstellen
oder auch mit einer bunten Beerenmischung.*

Zutaten
Mürbteig
- 150 g Mehl, gesiebt
- 50 g Zucker
- 100 g Butter in Stücken
- 1 Eigelb
- Prise Salz

–

Pudding
- 330 ml Vollmilch
- 2 Eigelbe
- 20 g Speisestärke
- 30 g Zucker
- ½ Vanilleschote

–

Belag
- 500 g Beeren

(Himbeere, Heidelbeere, Brombeere, Erdbeere)

–

Zubereitung

Das Mehl auf der Arbeitsfläche häufen und den Zucker untermischen. Die kalten Butterstückchen, das Eigelb und das Salz zum Mehl-Zucker-Gemisch geben und zu einem glatten Teig verkneten. Teigballen in eine Schüssel legen, abdecken und für eine Stunde im Kühlschrank kaltstellen. Backofen auf 180 Grad Umluft vorheizen. Den gekühlten Teig mit einem Nudelholz auf einer leicht bemehlten

Arbeitsfläche ausrollen und die mit Butter ausgestrichenen und bemehlten Tartelett-Förmchen mit dem ungefähr 5 mm dünnen Teig auslegen. 15–20 Minuten goldgelb backen. Auskühlen lassen.
Eine halbe Tasse der Milch abnehmen und die Speisestärke und den Zucker darin unter Rühren auflösen. Den Rest der Milch mit den übrigen Zutaten mit einem Schneebesen verquirlen und zum Kochen bringen. Das aufgelöste Stärke-Zucker-Gemisch zugeben und unter Rühren eine Minute sprudelnd kochen. Den verdickten Pudding in die ausgekühlten Teigformen füllen und abkühlen lassen. Mit den Beeren belegen und genießen.

WALDHIMBEER-SORBET

Das unvergleichliche Aroma der Himbeere lässt sich hier nicht verstecken. Unser Waldhimbeer-Sorbet ist der ideale Frischekick für heiße Tage.

Zutaten
- 500 g Himbeeren
- 150 g Zucker
- 1 Bio-Zitrone, Schale und Saft

Zubereitung

Den Zucker mit 150 ml Wasser und der Zitronenschale aufkochen, bis sich der Zucker vollständig aufgelöst hat. Die Zitronenschale kann jetzt wieder aus der Masse entfernt werden, dazu den Sirup durch ein Sieb laufen lassen. Den entstandenen Zuckersirup auskühlen lassen. Der Zuckersirup kann auch auf Vorrat gekocht werden, er hält sich im Kühlschrank einige Wochen. Die Himbeeren pürieren und die Himbeermasse durch ein Sieb streichen. Die Himbeeren und den Zuckersirup mit einem Schneebesen sehr gut vermengen und in eine Schüssel geben. Eine Stunde lang im Gefrierschank anfrieren lassen. Alle 30 Minuten durchrühren, damit das Sorbet eine lockere Konsistenz erhält. Wenn die Masse fest genug geworden ist, kann das Sorbet angerichtet werden. Kalt genießen!

WALDHIMBEERESSIG

*Wir möchten keinen Salat mehr ohne unseren Waldhimbeeressig.
Er ist eine Augenweide und gibt jedem Salat das gewisse Extra.*

Zutaten
- 300 g Himbeeren
- 0,75 l Apfelessig

–

Zubereitung

Die Himbeeren in ein Gefäß mit ungefähr 1 Liter Fassungsvermögen und mit weiter Öffnung geben. Mit Apfelessig auffüllen. Für 3 Wochen am Fensterbrett ziehen lassen und gelegentlich schütteln. Himbeeren abseihen und den schön gefärbten Himbeeressig abfüllen und genießen.

WALDHIMBEER-DRESSING MIT FRISCHEN BEEREN

Das Dressing eignet sich für alle Blattsalate, sehr gut auch für frische Wildkräutersalate mit Löwenzahn.

Zutaten
- 100 g Himbeeren
- 4 EL Apfelessig
- 4 EL Speiseöl (Olivenöl, Haselnussöl)
- 1 TL Senf
- 1 EL Honig
- eine Prise Salz
- Pfeffer nach Belieben

–

Zubereitung
Alle Zutaten im Mixer aufrühren. Salat mit dem Dressing anrichten und gleich genießen.

WALDHIMBEER-EISTEE

Für heiße Sommertage haben wir die perfekte Erfrischung: unseren Waldhimbeer-Eistee. Auch optisch sind wir verliebt in ihn.

Zutaten
- 1 l Wasser
- 100 g Zucker
- 5 EL Superfood-Früchteteemischung
(siehe Rezept Hagebutte)
- 250 g Himbeeren

Zubereitung

½ l Wasser mit dem Zucker und dem Superfood-Früchtetee aufkochen – 10 Minuten ziehen lassen. Das restliche Wasser zum Kochen bringen und die frischen Himbeeren damit aufgießen, ebenfalls 10 Minuten ziehen lassen. Beide Teeaufgüsse abseihen und in einer Kanne mischen. Abgekühlt in Gläser mit Eiswürfeln und Beeren geben, mit Minze garnieren und genießen.

WALDHIMBEER-LEDER

Habt ihr schon einmal etwas von Frucht-Leder gehört? Wahrscheinlich nicht. Aber wenn ihr es probiert habt, glaubt ihr uns, dass Gummibärchen gestern waren. Bei unserem Waldhimbeer-Leder erlebt ihr eine Geschmacksexplosion der besonderen Art. Das Leder eignet sich perfekt zum Zwischendurchnaschen.

Zutaten
- 500 g Waldhimbeeren
- Agavendicksaft nach Belieben

–

Zubereitung

Die Himbeeren in einen Topf geben und unter ständigem Rühren vorsichtig erhitzen. Ankochen lassen und durch die »Flotte Lotte« (Passiermühle) drehen. Das gewonnene reine Fruchtmark nach Belieben mit dem Agavendicksaft mischen; natürlich könnt ihr die zusätzliche Süße auch weglassen. Die Masse dünn auf ein mit Backpapier ausgelegtes Blech geben und im Ofen bei 40 °C trocknen lassen. Ihr könnt dazu auch die Ofen-Restwärme verwenden oder die Masse auf einem Kachelofen trocknen lassen. Nach einem Tag Trocknungszeit lässt sich das Frucht-Leder abziehen und schneiden. Das Fruchtleder ist eine gesunde Alternative zu Süßigkeiten – innerhalb einer Woche aufessen!

DER QUENDEL

Das Gute-Laune-Kraut

Wissenswertes über das Kraftpaket

Der Quendel, auch Feldthymian genannt, ist ein kleiner krautartiger Halbstrauch mit einer Wuchshöhe bis zu 30 cm. Er ist der wildwachsende Bruder des Gartenthymians. Er gehört zu den Lippenblütlern und sein unverwechselbarer, würziger Duft erinnert an laue Sommertage. Der Quendel ist ein heiliges Kraut und schützt uns dort, wo er steht, vor Blitzschlag.

Wo und wann ihr ihn findet

Im Sommer finden wir unseren wilden Thymian auf sonnigen, trockenen, durchlässigen Böden an Wegesrändern, auf Wiesen und Heiden. Er mag auch steinige Orte und versteckt sich gern auch an Felsen und Mauern. Der Quendel liebt das alpine Gelände und wir finden ihn bis Höhen von 3.000 Metern. Von Mai bis September können wir uns an ihm erfreuen. Am kraftvollsten ist er kurz vor der vollen Blüte, die zwischen Mai und Juni erfolgt. Die Blüten sind weiß bis sanft rosa und auch diese könnt ihr gern mitsammeln.

Wie er wirkt

Das in ihm enthaltene ätherische Öl »Thymol« wirkt hoch antibakteriell und antiseptisch. Außerdem sorgt es dafür, dass der Quendel ein hervorragendes Mittel bei Husten, Bronchitis, Asthma und weiteren Lungenkrankheiten ist. Er ist reich an Gerbstoffen, Bitterstoffen, Harzen, Saponinen, Eisen, Zink, Cumarinen, Flavonoiden und vielem mehr. Er kann uns bei sämtlichen Erkrankungen rund um den Magen-Darm-Bereich helfen. In der Frauenheilkunde ist er ebenso nicht mehr wegzudenken. Er hilft zur Geburtsvorbereitung, bei schmerzhaften Wehen, bei Blutarmut und Wechselbeschwerden. Außerdem wirkt er antiseptisch, auswurffördernd, krampflösend, schleimlösend, harntreibend, durchfallhemmend, kräftigend, nervenstärkend und sogar schmerzlindernd. Auch beim Einschlafen hilft er uns. Er ist allgemein für unsere Psyche eine Wohltat. Der Quendel wird nicht umsonst als »Gute-Laune-Kraut« bezeichnet, denn er lindert melancholische Zustände und Depressionen. Also auch ein echtes Allroundtalent.

Auch in der Küche wird er als »Alleskönner« unter den Gewürzen genannt. Der Quendel macht uns Lust zum Essen und regt unseren Appetit an. Eine Tasse frisch aufgegossener Quendeltee hilft uns nach einem anstrengenden Tag und weckt neue Lebensgeister. Er gibt uns neue Kraft und Durchhaltevermögen. Ein frischer Spritzer Zitrone und etwas Honig dazu sind das i-Tüpfelchen.

Zahnbürste vergessen? Dann kau einfach frischen Quendel und du wirst dich an einem frischen Atem erfreuen.

Was ihr daraus machen könnt

Quendel in unseren Speisen unterstützt nicht nur die Verdauung, sondern passt auch geschmacklich hervorragend zu einer Vielzahl von Lebensmittel. Er liebt Gemüse, Fisch und Wild.

ALMBLÜTENTEE MIT QUENDEL

Hilft bei Erkältung im Winter und schmeckt auch zum Sonntagskuchen.

Zutaten
- 15 g Quendel
- 30 g Dost (Wilder Majoran)
- 15 g Minze
- 15 g Zitronenmelisse
- 10 g Himbeerblätter
- 10 g Brombeerblätter
- 5 g Schafgarbe

–

Zubereitung

Wir sammeln den Sommer über auf schönen Bergtouren die Almkräuter und Gartenkräuter kurz vor der Blüte. Zu diesem Zeitpunkt haben die Kräuter die größte Wirkung. Überkopf werden die Kräuter dann zum Trocknen aufgehängt. Besonders viele heilende Wirkstoffe enthalten die Kräuter, die in der Höhe wachsen. Im Herbst werden dann die Kräuter abgerebelt und in einer großen Schüssel gemischt. Der Tee kann nun in große Gläser oder in Teedosen abgefüllt werden. Innerhalb von einem Jahr genießen.

KRÄUTERBUTTER
MIT QUENDEL UND BRENNNESSEL
Das Butterbrot der besonderen Art!

Zutaten
- ein kleiner Strauß Quendel
- 5–6 Stiele Petersilie
- 2 junge Brennnesseln
- 1 Knoblauchzehe
- 100 g Butter, zimmerwarm
- Salz
- Pfeffer

–

Zubereitung
Den Quendel abrebeln und klein hacken. Die Petersilie, die Brennnessel und den Knoblauch klein schneiden. Alle Zutaten mit der Butter vermengen, mit Salz und Pfeffer abschmecken und in Form bringen. Im Kühlschrank fest werden lassen und frisch genießen. Die Kräuterbutter kann auch gut eingefroren werden.

QUENDELSALZ
Unbedingt genug davon machen!

Zutaten
- einige Stängel frischer Quendel
- 1 Tasse Natursalz

Zubereitung
Frischen Quendel abrebeln und klein hacken. Im Mörser mit dem Salz verreiben und in ein Schraubglas geben. Gut andrücken und für 3–5 Tage im Kühlschrank durchziehen lassen. Zur Weiterverarbeitung auf ein Backblech geben und im Backofen bei 40 Grad Umluft für eine halbe Stunde trocknen. Nochmals im Mörser gut verreiben, bis die Blätter fein gemahlen sind. Das Quendelsalz kann gut zum Würzen für Fleischgerichte, für Salate und als Brotzeitsalz verwendet werden.

QUENDELSOLE
Die Sole peppt jeden Salat auf. Ihr könnt sie auch als Badezusatz oder zum Inhalieren bei Erkältung verwenden.

Zutaten
- 300 g Quendelsalz
- 1 l Wasser

Zubereitung
Kräutersalz und Wasser in ein Schraubglas geben. Warten, bis sich das Salz aufgelöst hat. Ein kleiner Rest soll sich unaufgelöst am Boden absetzen. So ist sicher, dass die Sole das Maximum aufgenommen hat und gesättigte Sole entstanden ist.

DIE HEIDELBEERE

»Die Auferstehungsnahrung«

Wissenswertes über das Kraftpaket

Heidelbeeren sind ein niedriger Halbstrauch von einer Wuchshöhe bis 50 cm und auch unter dem Namen Blaubeere, Schwarzbeere und Moosbeere bekannt. Die Heidelbeere gehört zur Familie der Heidekrautgewächse, ist eine bewundernswerte Heilnahrung, die bereits seit zehntausenden von Jahren existiert und sich sämtlichen Klimaschwankungen angepasst hat.

Heidelbeeren wurden früher als Färbemittel für Garn benutzt. Sie haben eine enorme Farbkraft. Das merken wir auch beim Sammeln. Unsere Hände sind danach dunkellila. Wenn ihr sie mit Wasser und Seife nicht sauber bekommt, einfach ein paar Spritzer Zitrone draufgeben, dann löst sich der Farbstoff. Der intensive Farbstoff, genannt »Anthocyane«, ist ein Grund für die enorme Farb- und Heilkraft der Heidelbeere. Bei Kulturheidelbeeren merken wir von dieser starken Farbwirkung nur mehr einen Bruchteil. Die Kulturheidelbeeren, an denen wir uns fast das ganze Jahr über im Supermarkt erfreuen können, sind von außen noch blau, ihr Inneres ist jedoch weiß. Die Kulturheidelbeeren sind um einiges größer, werden dafür geschmacklich und inhaltlich von unseren kleineren Wildbeeren deutlich übertroffen.

Wann und wo ihr sie findet

Es heißt, Heidelbeeren wachsen an Höhleneingängen von schatzhütenden Zwergen. Wenn ihr euch den Heidelbeeren öffnet, werdet ihr sie den ganzen Sommer über sehr weit verbreitet in unseren Wäldern finden. Meist verstecken sie sich in schattigen Wäldern, auf Heiden und Mooren. Sie wachsen direkt vor unseren Augen in struppigen Sträuchern. Die Heidelbeere bedeckt große Flächen in Nadelwäldern und dort sind oft richtige »Naturplantagen« der wunderbaren Beeren zu finden.

Sie wachsen bis auf 2.800 Meter, lieben also auch die hohen Berge. Die Hochzeit der Früchte ist von Juli bis August. Sobald sie ihre kräftige dunkellila Farbe erreicht haben und sich leicht vom Stängel lösen, sind sie bereit für die Ernte. Geerntet werden kann durch Abzupfen mit den Händen oder auch mit einem »Blaubeerkamm«. Das ist eine kastenartige Schaufel mit Zacken, mit denen man durch die Sträucher »durchfrisiert« und am Ende die Heidelbeeren in der Schaufel hat. Damit lassen sich zügig größere Mengen ernten, jedoch auch in Kombination mit vielen Blättern und so hat man im Nachhinein sehr viel Arbeit mit dem Auslesen und Säubern der Beeren. Wir bevorzugen deshalb die gute alte Handlese. Bitte nehmt nur so viel wie ihr braucht und lasst genug für die Tierwelt.

Wie sie wirkt

Die Heidelbeeren sind klein, aber oho! Der weltweit bekannte Anthony William stellt sie auf den höchsten Sockel der Superfoods. Seiner Forschung nach gibt es wenige Lebensmittel weltweit, die mehr gesundheitsfördernde Wirkstoffe in sich bündeln wie die wilde Heidelbeere. Er bezeichnet sie sogar als »Auferstehungsnahrung« und als die »stärkste Frucht auf der Erde«. Sie verhilft Sportlern zu ungeahnten Kräften und kann im Kampf gegen krebserregende Stoffe unterstützend helfen. Unsere Heidelbeeren wirken gegen Entzündungen und sind antiseptisch. Und unser Gehirn wird obendrein durch sie gestärkt. Sie können auch das Risiko für altersbedingte Krankheiten wie Demenz reduzieren. Der Volksmund schreibt ihnen außerdem stimmungsaufhellende Wirkung zu. Das alte Sprichwort »zur Heidelbeerzeit hat der Doktor Urlaub« kommt somit nicht von ungefähr. Denn durch den vermehrten Verzehr von Heidelbeeren zur Erntezeit brauchte niemand einen Arzt! Das können wir uns auch heute wieder zunutze machen – also hinaus und ran an die Beeren!

Kulturheidelbeeren haben auch gesundheitsfördernde Eigenschaften, aber sie sind nicht annähernd so wertvoll wie die wilden Heidelbeeren. Unsere wilden Heidelbeeren sind reich an Kalzium, Eisen, Karotin, Mangan, Chrom, Vitamin B1, B2, Vitamin C, Flavonoiden, Glykosiden und Antioxidantien. Paracelsus bezeichnete sie auch als Allheilmittel für die Blutreinigung, das Herz, Magen und Darm. Sie senken den Blutdruck und das Cholesterin. Und mit diesen beiden erhöhten Parametern haben heutzutage sehr viele zu kämpfen. Frische Beeren wirken abführend und sind somit hilfreich gegen Verstopfung.

Getrocknete Beeren wirken genau umgekehrt. Sie haben viel Pektin, welches Flüssigkeiten im Darm bindet, und helfen somit sehr gut bei Durchfall. Wir empfehlen, drei Mal täglich zehn Stück zu kauen.

Die Pektine haben eine weitere wichtige Aufgabe, da sie auch schädliche freie Radikale binden. Somit sind unsere wilden Heidelbeeren auch entgiftend und antioxidativ. Also wenn das nicht genügend Gründe sind, sie öfter in unseren Speiseplan einzubinden. Die Blätter könnt ihr auch direkt oder als Tee genießen. Sie sind bekannt für ihre blutzuckersenkende Wirkung.

Was ihr daraus machen könnt

Von den Heidelbeeren können wir auch nicht genug bekommen. Hier wandern beim Sammeln auch immer schon viele direkt in den Mund. Doch Heidelbeeren lassen sich auch wunderbar weiterverarbeiten. Sie sind in der Küche wahre Allrounder. Du kannst mit ihnen sämtliche Speisen aufpeppen, sie in Smoothies, Müsli, Eis, Riegel, Pfannkuchen und vieles mehr geben. Die Speisen bekommen dann neben dem Energiekick obendrein noch eine schöne Färbung.

Übrigens kannst du Heidelbeeren auch gut einfrieren. Du kannst dich somit spontan das ganze Jahr nach Lust und Laune über sie freuen und sie genießen. Vor allem, wenn wir merken, dass eine Erkältung im Anmarsch ist, genießen wir sie im doppelten Maße. Heidelbeeren mögen hingegen keinen Kühlschrank, sie werden dadurch leicht bitter. Also entweder gleich genießen, weiterverarbeiten oder einfrieren.

Folgende Rezepte sind unsere Lieblings-Heidelbeerpowerpakete:

HEIDELBEER-NUSSRIEGEL

Du wirst sehen, allein die herrliche Farbe des Riegels wird dich schon verzaubern. Die Riegel eignen sich auch hervorragend als Snack zum Mitnehmen.

Zutaten
- 200 g Haselnüsse
- 100 g Kokosraspeln
- 100 g Heidelbeeren
- 40 g Kokosöl oder anderes Fett
- 40 g Honig
- je nach Gusto: mit 120 g Bitterschokolade überziehen und mit Nussblättchen verzieren

–

Zubereitung

Die Nüsse in einer Pfanne ohne Fett anrösten. Nüsse, Kokosraspeln und Heidelbeeren vermischen und klein hacken. Dies könnt ihr entweder mit einem Messer und Brett machen oder mit einer Küchenmaschine. Auf einer Kochplatte in einem kleinen Topf das Öl bei schwacher Hitze schmelzen und die zuvor vermengte Masse hineingeben. Den Honig hinzugeben und alles gut verrühren. Die Masse für ca. 15 Minuten in den Tiefkühler stellen. Danach mit den Händen Riegel formen und je nach Lust und Laune mit geschmolzener Schokolade überziehen und mit Kokosflocken, Nussblättchen, getrockneten Blüten usw. verzieren. Direkt genießen oder ab in den Kühlschrank damit. Die Riegel halten sich für einige Tage.

HEIDELBEERPFANNKUCHEN

Wir können uns keinen besseren Start in den Tag vorstellen als mit einem dunkellilafarbenen Heidelbeerpfannkuchen nach Omas Rezept. Ihr könnt aus der Masse entweder mehrere Pfannkuchen in der Pfanne machen oder die gesamte Menge im Reindl herausbacken.

Zutaten
- 250 g Dinkelmehl
- ¼ L Milch
- 3 Eier
- ¼ TL Salz
- 300 g Heidelbeeren
- Butter zum Herausbacken

–

Zubereitung

Das Mehl mit der Milch glattrühren und quellen lassen. Nach 30–60 Minuten die Eier und das Salz unterrühren. Variante 1: Ein Stückchen Butter in einer Pfanne zum Schmelzen bringen. Den Pfannkuchenteig in die Pfanne geben, ca. 3–4 mm hoch. Eine Handvoll Heidelbeeren über den Teig geben. 2 Minuten goldgelb backen und dann wenden. Den fertigen Heidelbeerpfannkuchen auf einem Teller anrichten, mit Staubzucker garnieren und genießen. Variante 2: Backofen auf 180 Grad Umluft vorheizen. Ein kleines Reindl mit Butter ausstreichen. Den Teig 6 mm hoch in die Form gießen. Die Heidelbeeren im Reindl verteilen und für ca. 15–20 Minuten backen. Mit Puderzucker bestäuben und genießen.

HEIDELBEER- SMOOTHIES

Smoothies sind voll im Trend. Sie sind eine simple Möglichkeit, in kurzer Zeit viele Nährstoffe in sich aufzunehmen.

Heidelbeer-Frühstücks-Smoothie
Zutaten für 4 Gläser
- 130 g Heidelbeeren
- 1 Apfel
- Saft von ½ Zitrone
- 150 g Joghurt
- ½ Banane
- 25 g Haferflocken
- 150 ml Milch
- 15 g Haselnüsse

–

Heidelbeer-Smoothie
Zutaten für 4 Gläser
- 130 g Heidelbeeren
- 1 Birne
- Saft von 1 Orange
- Saft von ½ Zitrone
- 150 ml kalter Früchtetee
- ½ Rote Bete
- Himbeeren
- Agavendicksaft oder Honig zum Süßen

–

Zubereitung
Alle Zutaten in den Mixer geben und kurz auf niedrigster Stufe laufen lassen, damit der Mixer alle Zutaten erfassen kann. Dann für 1–2 Minuten auf stärkster Stufe durchmixen. In Gläser füllen und frisch genießen! Klappt auch super mit dem Pürierstab!

DIE BROMBEERE

Der kleine Kraftprotz

Wissenswertes über das Kraftpaket

Die Brombeere ist eine der ältesten Heilpflanzen und gehört zur Familie der Rosenblütler. Sie existiert in hundert verschiedenen Varianten und zahlreichen Zwischenformen. Sie ist eine sehr ausdauernde Pflanze und wächst meist an starken Gebüschen von 20 cm bis 2 Meter Höhe. Um an die schönen, kräftig dunkel schwarz leuchtenden Superbeeren zu gelangen, muss man sich schon bemühen! Denn ihre langen, stacheligen Triebe schützen die Beeren sehr gut. Genau von dieser wehrhaften Eigenschaft wurde früher auch Gebrauch gemacht. Es herrschte der Volksglaube, dass das Durchkriechen unter einem Brombeerzweig gegen Furunkel und Hautausschläge helfe – und auch bei Eheproblemen! Wenn die Eheleute dreimal gemeinsam durch die Brombeerbüsche gekrochen waren, sollte die Harmonie wieder eingekehrt sein. Auch sollen Geister und Hexen Häuser meiden, bei denen viele Brombeerbüsche stehen.

Wann und wo ihr sie findet

Brombeeren lieben die Berge und wir finden sie auf sonnigen Hecken, lichten Wäldern, im Gebüsch und sonnigen Abhängen. Von Juni bis August kommen aus den stacheligen Stielen weiße bis blassrötliche, sanfte, geruchlose Blüten. Aus ihnen gehen im Herbst, meist von August bis Oktober, die rot-schwarz leuchtenden aromatischen Köstlichkeiten hervor. Dann ist die Jagd auf die wilden Beeren eröffnet. Sommerzeit ist einfach Beerenzeit! Die Früchte sind erst rötlich und werden im Laufe des Sommers immer dunkler und süßer. Und sie sind einfach unwiderstehlich. Meist essen wir beim Sammeln schon so viele, weil wir einfach nicht anders können, als sie gleich direkt im Wald vom Strauch in den Mund zu genießen!

Wie sie wirkt

Die Brombeere ist einer der Vitamin-A-Lieferanten schlechthin. Vitamin A benötigen wir vor allem für unsere Augen und Schleimhäute.

Außerdem ist die Brombeere ein großartiges Antioxidans mit einer stark immunstärkenden Wirkung. Sie schützt uns auch vor Alterungsprozessen, hemmt Entzündungen, wirkt reinigend von innen und senkt unseren Blutdruck. Sie enthält zahlreiche Flavonoide und Gerbstoffe, die uns unter anderem bei Durchfall ein guter Helfer sind. Sogar eine Wirkung gegen Krebszellen wird der Brombeere nachgesagt.

Abends genossen wirkt die Brombeere beruhigend. Dies ist ein Unterschied zu allen anderen Beeren, die belebend und anregend wirken. Brombeersaft und Brombeermarmelade hilft bei Heiserkeit. Brombeeren sind außerdem reich an dem wichtigen Mineralstoff Kupfer, welches stark an der Bildung unserer weißen Blutkörperchen beteiligt ist. Und die brauchen wir ganz dringend, um sämtliche Krankheitserreger abzuwehren.

Übrigens: Ihr könnt gern zwischendurch – am besten von Mai bis Juli – auch ein Brombeerblatt direkt kauen. Das hilft zur Kräftigung des Zahnfleisches und bei Durchfall. Die Blätter sind reich an Gerbstoffen und aus ihnen lässt sich auch ein gesundheitsfördernder Tee zur Stärkung unseres Magen-Darm-Trakts zubereiten.

Was ihr daraus machen könnt

Brombeeren eigenen sich zur Herstellung von Kompott, Saft, Gelee, Marmelade, Wein, Likör, Sorbet und als schöne Zierde für viele andere Speisen. Wir wollen die aromatischen Kraftpakete am liebsten das ganze Jahr über genießen und deshalb stellen wir euch hier Rezepte vor, wo ihr die süßen Früchtchen gleich genießen und welche, wo ihr das ganze Jahr über eine Freude damit haben könnt.

BROMBEERMARMELADE

Schmeckt gut als klassischer Brot- oder Semmelaufstrich, aber auch ins Joghurt gerührt macht sie sich wunderbar.

Zutaten
- 1 kg Brombeeren
- 1 Glas Apfelsaft
- 500 g Gelierzucker 1:2

Zubereitung
Die Brombeeren mit dem Apfelsaft aufkochen und unter Rühren köcheln lassen, bis die Beeren weich sind. Um die Kerne auszufiltern, die Masse durch die »Flotte Lotte« passieren. Das Brombeerpüree mit dem Gelierzucker aufkochen und für 3 Minuten sprudelnd kochen lassen. In saubere, ausgekochte Schraubgläser füllen.

BROMBEERMARMELADE KALT GERÜHRT

Zutaten
- 250 g Brombeeren
- 1 Päckchen Gelierzucker ohne Kochen (125 g)

Zubereitung
Die Brombeeren zusammen mit dem Gelierzucker ohne Kochen in einen hohen Messbecher geben und für 45 Sekunden gründlich mixen. Die in Schraubgläser abgefüllte Masse im Kühlschrank lagern und schnell verbrauchen.

BROMBEERPARFAIT

Das Brombeerparfait ist optisch wie geschmacklich ein besonderes Erlebnis. Ihr könnt es schon am Vortag zubereiten, daher eignet es sich sehr gut für festliche Anlässe.

Zutaten
- 500 g Brombeeren
- optional 2 EL Brombeerlikör
- 125 g Zucker
- 4 Eigelb
- 500 ml Schlagsahne

—

Zubereitung

Die Hälfte der Brombeeren mit 1 EL Zucker und optional mit 2 EL Brombeerlikör aufkochen, anschließend die Masse durch ein Sieb streichen. Das Fruchtpüree erkalten lassen.
Den restlichen Zucker mit 50 ml Wasser zum Kochen bringen, bis sich der ganze Zucker aufgelöst hat.
Die Eigelbe schaumig schlagen und langsam den Läuterzucker in einem dünnen Strahl unter ständigem Schlagen einfließen lassen. Für 10 Minuten kräftig schlagen, bis sich die Masse abgekühlt hat und eine weißliche Farbe angenommen hat.
Die Sahne steif schlagen. Den Rest der Brombeeren mit einem Messer in Stücke hacken (vierteln). Die geschlagene Sahne und die zerkleinerten Brombeeren vorsichtig unter die Eimasse heben und die ganze Masse in eine Form (1 Liter Fassungsvermögen) gießen. Das Parfait über Nacht einfrieren.
Das fertige Parfait aus dem Gefrierschrank nehmen und aus der Form stürzen. Ein paar Minuten antauen lassen und in Scheiben schneiden. Anrichten und mit frischen Beeren garnieren.

BROMBEERLIKÖR

Auch mithilfe des Brombeerlikörs habt ihr die Brombeeren das ganze Jahr an eurer Seite.

Zutaten
- 500 g Brombeeren
- 150 ml Honig
- 0,5 L Kornbrand oder Wodka

(30 bis 40%iger klarer Alkohol)

–

Zubereitung

Die Brombeeren in ein verschließbares Glas mit weitem Hals geben und mit dem Honig und dem Korn übergießen. Für 3 bis 6 Wochen aufs Fensterbrett stellen. Den Likör durch ein Sieb laufen lassen, die Beeren beiseite geben und den entstanden roten Likör in saubere Gläser abfüllen.

DIE MINZE

Der aromatische Frische-Kick

Wissenswertes über das Kraftpaket

Wie sie herrlich duftet die Minze, erfrischend und zugleich beruhigend. Ihr Duft ist unverkennbar. Die Minze wird häufig als »kosmopolitisch« bezeichnet, denn schließlich wächst sie von Europa bis Nordafrika und von Zentralasien bis Alaska in ihrer jeweiligen örtlichen Form. Es existieren zahlreiche Arten von ihr. Wir beschäftigen uns auch hier mit der wildwachsenden Minze in unseren Breitengraden. Sie gehört zur Familie der Lippenblütler und kann bis zu einem Meter hoch werden. Sie ist eine sehr ausdauernde Pflanze und vermehrt sich von selbst durch ihre zahlreichen, bis zu 10 cm tiefen unterirdischen Ausläufer. Nicht umsonst heißt es auch: »Sie breitet sich schneller aus, als man einen Tee mit ihr kochen kann«. Die Minze wurde schon im Altertum als Heilpflanze und Gewürz angesehen. Als Symbol der Gastfreundschaft wurden früher die Tische mit ihr eingerieben bevor die Gäste kamen.

Wann und wo ihr sie findet

Die Minze blüht von Juli bis September. Die Blätter sind von April bis Oktober sammelbar, am heilkräftigsten sind sie kurz vor ihrer Blüte. Die Minze mag es nass und feucht und gedeiht am besten auf humusreichen Böden. Sie liebt die Wärme und wächst auf bis zu 1.800 Meter.

Wie sie wirkt

Ein altes Sprichwort besagt: »Wenn jemand alle guten Eigenschaften der Minze nennen kann, weiß er auch, wie viele Fische im Ozean schwimmen«. Die Minze ist eine sehr kraftvolle Pflanze und man muss bei ihr mit der Dosierung aufpassen – das zeigt auch schon, welch starke Wirkung sie hat. Bei starker Übersäuerung des Magens sollte sie nicht angewendet werden, da sich durch das enthaltene ätherische Öl die Beschwerden verschlimmern können. Für Kinder unter drei Jahren ist sie ebenso nicht geeignet. Durch ihren innerlichen Konsum wird die Milchsekretion eingeschränkt – also für alle stillenden Mütter, die auch noch gern weiter stillen möchten, ist die Minze ein Tabu. Zum Abstillen wiederum ist sie ein sehr wertvoller Helfer und bei Frauen sehr geschätzt.

Minzen enthalten unter anderem ätherisches Öl mit Mentholverbindungen, Gerbstoffe, Flavonoide und Bitterstoffe. Der Ölgehalt erreicht sein Maximum kurz vor der Blüte. Das Menthol erfrischt uns und wirkt desinfizierend und antiseptisch. Vor allem im Hochsommer kann uns das Kraut mit seiner kühlenden Wirkung erfreuen. Es hilft uns, alte, krankmachende und festsitzende Stoffe auszuscheiden. Ihr Spezialgebiet ist die Stärkung der Leber, Galle und des Magen-Darm-Trakts. Sie ist auch ein akuter Helfer bei Übelkeit, Erbrechen und Völlegefühl. Sie wirkt stark krampflösend, beruhigend und schmerzlindernd. Auch bei Migräne kann sie unsere Schmerzen lindern. Sie regt das Gefäß- und Atemzentrum an, beruhigt unser Gehirn und belebt unseren Herzmuskel. Hippokrates bezeichnete sie sogar als Aphrodisiakum.

Bei leicht blutendem Zahnfleisch ist sie ein perfekter Retter. Kaut bei leichten Zahnfleischbeschwerden einfach ein Minzblatt!

Was ihr daraus machen könnt

Von der wilden Minze verwenden wir die obersten Blätter der jungen Triebe und auch die blühenden Bestandteile lassen sich wunderbar verwenden.

ERFRISCHENDER MINZE-JOGHURT-DIP
Darf bei keiner Grillparty fehlen!

Zutaten
- 150 g Sahnejoghurt
- einige Spritzer Zitrone
- 1 Knoblauchzehe
- ½ Zwiebel
- 5 Stiele Pfefferminze
- Salz
- Pfeffer
- Olivenöl

–

Zubereitung
Joghurt mit dem Zitronensaft, dem Salz und dem Pfeffer glattrühren. Die halbe Zwiebel sehr klein hacken und mit dem gepressten Knoblauch unter die Joghurtmasse geben. Die Minze abzupfen und die Blätter klein schneiden, vermischen und mit Olivenöl abschmecken. Passt super zu Ofengemüse, Ofenkartoffeln, Grillfleisch, Linsencurry und vielen scharfen Gerichten.

MINZ-ZUCKER
Zucker einmal anders.

Der Minz-Zucker passt hervorragend zu selbstgemachten Limonaden, sommerlichen Süßspeisen und Drinks. Auch als Deko-Zuckerrand an Gläsern sieht er schick aus.

Zutaten
- 150 g Zucker
- 1 Handvoll Minze

Zubereitung

Minze grob hacken. Minze und Zucker gemeinsam im Mörser reiben, vermengen und in einem Schraubglas verschlossen 3 Tage im Kühlschrank ruhen lassen. Ofen auf 40 Grad Umluft vorheizen, Backblech mit Backpapier auslegen und Masse darauf verteilen. Damit die Feuchtigkeit des Zuckers weichen kann, einen Holzkochlöffel zwischen die Ofentür klemmen und alles 1 Stunde im Ofen trocknen lassen. Abkühlen lassen und den trockenen Zucker im Mörser fein mahlen. In kleine Schraubgläser abfüllen und genießen.

MINZTEE
So einfach, so gut!

Zutaten
· frische Minze

–

Zubereitung
Das frische Kraut mit heißem Wasser übergießen und einige Minuten zugedeckt ziehen lassen. Bei Bedarf den Tee mit etwas Honig süßen. Gut zu wissen ist auch, dass eine Tasse anregend wirkt und mehrere beruhigend.

BELEBTES MINZWASSER
Wasser mit Pfiff.

Zutaten
· frische Minze
· einige Heidelbeeren oder Himbeeren
· einige Spritzer Zitrone

–

Zubereitung
Die Minze mit den Beeren für ein paar Stunden im Wasser ziehen lassen, mit Zitrone abschmecken und genießen.

MINZEIS AM STIEL
Schmeckt und kühlt an heißen Tagen.

Zutaten
- 2 Becher griechischer Joghurt
- 2 EL Honig
- 4–5 Stängel Minze
- 1 Handvoll Himbeeren
- 1 Handvoll Heidelbeeren

–

Zubereitung

Joghurt mit dem Honig und der Minze im Mixer für 2 Minuten mixen. Zusammen mit den Beeren in die Eisförmchen geben, Holzstiele einstecken und für einige Stunden einfrieren. Das Eis kann dann direkt genossen werden oder auch auf Vorrat im Tiefkühlschrank verweilen und nach Lust und Laune genossen werden.

DIE WACHOLDERBEERE

Unsere mächtige Heilerin

Wissenswertes über das Kraftpaket

In alten Kräuterbüchern heißt es, dass der Wacholder eine Heilpflanze ersten Ranges ist und an ihm alles heilig ist. Das Holz, die Nadeln, die Beeren und die Rinde. Wir betrachten hier vorwiegend die Wacholderbeeren und stellen sie euch hier als unser am meisten unterschätztes Superfood vor.

Der Wacholder ist eine unter Naturschutz stehende Pflanze. Die reifen Wacholderbeeren dürfen jedoch gesammelt werden. Wir haben die Wacholderbeere genauer unter die Lupe genommen: sie strotzt gerade so vor heilenden Eigenschaften und ist eine mächtige Beere. Also nehmt euch die Zeit und beschäftigt euch etwas näher mit dieser tollen Frucht! Sie ist vor allem in der Herbstzeit ein wunderbares Würz- und Heilmittel, aber kann uns das ganze Jahr über Freude bereiten. Sie ist eine zweigeschlechtliche Pflanze und hat weibliche und männliche Anteile. Die weibliche Pflanze bildet die bekannte Wacholderbeere.

Wie für den Holunder gilt auch hier der Spruch: »Vor dem Wacholder sollst du den Hut ziehen«. Die beiden haben obendrein einiges gemeinsam. Wenn man einen Wacholderbaum fällt, ohne vorher den Baum um Erlaubnis gefragt zu haben, gilt wie bei einem Hollerstrauch: Es soll Unglück heraufbeschwören. Um den Wacholder herum existieren zahlreiche abergläubische und mystische Legenden. Er diente als Abwehrmittel gegen sämtliche Zauber und Hexereien. Wacholderzweige über dem Hauseingang gehängt sollten Dämonen abwehren. Und bei Erschöpfung sollte man sich unter einen Wacholderbaum setzen, sodass man nach kurzer Zeit wieder aufgetankt weitergehen kann. Um die Pest abzuwenden, wurde früher mit ihm geräuchert. Auch herumirrende Seelen sollen durch Wacholderräucherungen wieder ihren Weg zurückfinden. Bei Krankenbesuchen wurde empfohlen, Wacholder zu kauen, um sich vor Ansteckung zu schützen. Im Mittelalter wurde ein starker Wacholderguss als Abtreibungsmittel verwendet. Auch heute wird er noch sehr gerne als reinigende Räucherung verwendet.

Wann und wo ihr sie findet

Der Wacholder gehört zu den Zypressengewächsen und ist vom Tal bis zu den Hochalpen auf 2.500 Metern in ganz Europa verbreitet. Am besten gedeiht er auf trockenen, sandigen und moorigen Plätzen. Ihr könnt ihn als Zwergstrauch auffinden, aber auch als einen bis zu zwei Meter hochwachsenden Baum. Im Gegensatz zu den anderen Beeren ist die Wacholderbeere nicht so leicht zu finden. Und noch dazu lässt sie auf sich warten. Die Beeren sind nur alle drei Jahre jeweils nach der Bestäubung reif. Wie heißt das Sprichwort so schön: »Willst du gelten, mach dich selten«. Das trifft sehr gut auf unsere Wacholderbeere zu! Wenn die Beere dann reif ist, findet ihr sie im Herbst. Jeden dritten Oktober ist die schwarz-blaue Beere in der Regel bereit für uns. Ihr werdet es auch daran erkennen, dass an einem Wacholderstrauch verschiedene Reifegrade der Beeren hängen. Ein besonderes Erkennungsmerkmal ist auch, dass die Beere auf ihrem Scheitel einen dreistrahligen geschlossenen Spalt trägt. Sie zu sammeln ist eine stachelige Angelegenheit, denn mit seinen spitzen Nadeln schützt der Wacholder seine Früchte wie einen kleinen Schatz. Bitte behandelt die Wacholderbeeren auch so und erntet sie sorgsam – am besten mit Handschuhen, damit ihr nicht so fest gepikst werdet.

Wie sie wirkt

Der Wacholder ist eine der interessantesten Heilpflanzen unserer Heimat und bereits Paracelsus und Dr. Kneipp waren große Verfechter von ihm. Im Mittelalter wurde er auch als die »Wunderheilung« bezeichnet. Von allen Teilen des Wacholderbaumes gehen stark riechende terpentinartige Düfte ab. Diese kommen durch sein enthaltendes ätherisches Öl, genannt Terpinen-4-ol. Es ist verantwortlich für seine entgiftende und entwässernde Wirkung. Es hilft durch seine nierenanregende Wirkung dabei, die ableitende Harnwege durchzuspülen und Keime auszuleiten. Die Wacholderbeere hilft auch sehr gut bei Gicht und Rheuma. Aber Vorsicht, sie wirkt so stark, dass sie bei bereits bestehenden Nierenentzündungen und auch auf Dauer nicht angewendet werden soll, da sie zu reizend wirkt. Auch in der Schwangerschaft darf sie nicht eingenommen werden, da sie abtreibend wirkt. Zudem enthält sie wertvolle Bitterstoffe, die bei zahlreichen Beschwerden, vor allem rund um den Magen-Darm-Trakt, wie z. B. bei Blähungen, Durchfall, Sodbrennen usw., helfen. Deshalb verwendet man sie auch so gern in Speisen mit sehr blähender Wirkung wie etwa Sauerkraut und Kohlgerichten.

Die Schale der Wacholderbeere ist voller ungesättigter Fettsäuren. Diese benötigt unser Körper vor allem für die Zellteilung, das Herz-Kreislauf-System und die Gehirnleistung.

Das Allroundtalent enthält außerdem wichtige Inhaltsstoffe wie Harz, Gerbstoffe, Eiweiß und Pektin. Die kleine Beere kann Gifte neutralisieren, Pilze töten, wirkt krampflösend, blutdrucksenkend, antidiabetisch und antiviral. Sie reinigt alles, wo sie hinkommt. Vom Blut bis zum Magen-Darm-Trakt und unserer Lunge. Sie kann unseren gesamten Stoffwechsel beleben. Bitte gebt aber auch Acht! Sie kann bei Überdosierung auch Schäden anrichten und die Nieren zu sehr reizen. Schwangere sollten auf sie verzichten.

Was ihr daraus machen könnt

Ihr könnt die Beere gern als Ganzes direkt kauen. Das hilft außerdem bei Mundgeruch und Entzündungen im Mund- und Rachenraum. Es gibt auch die bekannte »Wacholderkur nach Kneipp«, die zur Blutreinigung empfohlen wird: Am 1. Tag dreimal täglich 1 Wacholderbeere kauen und schlucken, danach täglich um eine Beere steigern. Man ist am 15. Tag somit bei 3 mal 15 Beeren angelangt. Von da an geht es rückwärts – also jeden Tag eine Beere weniger kauen und schlucken. Die Kur dauert 30 Tage lang und man ist am Schluss wieder bei dreimal täglich einer Beere angelangt, wenn man sich dazwischen nicht verzählt hat. Ansonsten könnt ihr Wacholderbeeren in zahlreichen Speisen mitkochen. Bei allen Arten von Braten, Gulasch, Fleischsuppe und Sauerkraut eignen sie sich bestens. Als Tee, Sirup und Spirituose macht sie sich auch hervorragend. Wer den Wacholdergeschmack noch intensiver haben will, kann die Beeren im Mörser leicht andrücken, damit sich die Beeren öffnen und das Aroma besser abgeben können. Wir empfehlen euch auch die Herstellung eines Wacholderöles, an welchem ihr das ganze Jahr über eine Freude habt.

WACHOLDERTEE
Für Entspannung und Kraft zwischendurch.

Zutaten
- 1 Teelöffel Wacholderbeeren
- ¼ Liter kochendes Wasser

–

Zubereitung
Den Tee könnt ihr sowohl aus getrockneten als auch aus frischen Beeren zubereiten. Einfach die Beeren mit dem kochenden Wasser übergießen, 5 Minuten zugedeckt ziehen lassen und täglich drei Tassen genießen.

WACHHOLDER-FIZZ
Unser Beitrag zum aktuellen Trend antialkoholischer Drinks.

Zutaten
· 30 ml Wacholdersirup
· 260 ml Wasser
· 1 Bio-Zitrone
· Eiswürfel

–

Zubereitung
Die Zutaten zusammen mit den Eiswürfeln
in ein Saftglas geben, umrühren und genießen!

WACHOLDERSIRUP

Unser Sirup ist ein Gesundheitsbooster und schmeckt obendrein umwerfend!

Zutaten
- 20 g getrocknete Wacholderbeeren
- 300 ml Wasser
- 150 g Himbeeren
- 200 g Zucker
- 1 Bio-Zitrone

Zubereitung

100 ml Wasser kochen und über die Wacholderbeeren leeren. 10 Minuten zugedeckt ziehen lassen. Nach 10 Minuten durch ein Sieb laufen lassen und das Wacholderwasser auffangen. Die Wacholderbeeren klein hacken. Alle Zutaten miteinander 5 Minuten lang kochen lassen. Nach den 5 Minuten wird der Herd ausgeschaltet und die Masse zieht für eine Stunde durch. Dann den Sirup abseihen und abfüllen.

WACHOLDERSOSSE

Bitte genügend davon machen. Es möchte bestimmt jeder einen Nachschlag davon!

Zutaten
- 2 EL Wacholderbeeren
- 250 ml Rotwein
- 1 Zwiebel
- 1 EL Pfefferkörner
- 300 ml Wildfond
- 200 ml Schlagsahne
- Salz
- Pfeffer, gemahlen

—

Zubereitung

Zwiebel würfeln, glasig andünsten. Mit dem Rotwein ablöschen, die Wacholderbeeren und die Pfefferkörner zugeben und reduzieren lassen. Abseihen und den Wildfond zugeben. Mit Sahne, Salz und Pfeffer abschmecken und heiß über das Gericht geben.

WACHOLDERBUTTER
Stiehlt der Hauptspeise fast die Show ...

Zutaten
- 2 EL Wacholderbeeren, zerkleinert
- 200 g Butter, weich
- 1 EL Gin
- Abrieb von ½ Bio-Orange
- Salz
- Pfeffer

Zubereitung
Alle Zutaten miteinander mixen. Mit einem Spritzbeutel portionieren und zum Erkalten in den Kühlschrank geben. Kann auch gut eingefroren werden.

DIE PREISELBEERE

Das Gold der Alpen

Wissenswertes über das Kraftpaket

Preiselbeeren gehören wie die Heidelbeeren zu den Heidekrautgewächsen. Sie kommen häufig auch mit den Heidelbeeren zusammen vor, nur ihr Reifezeitpunkt ist etwas unterschiedlich. Heidelbeeren und Preiselbeeren zählen beide zu den Pionierpflanzen des Alpenraumes. Sie haben es trotz widrigster Bedingungen geschafft, sich ihren Lebensraum zu erobern, zu wachsen und zu gedeihen und sie waren schon für die Steinzeitmenschen eine wichtige Nahrungsquelle. Die Beeren tragen ein Kreuz auf ihrer Frucht und, so heißt es, das hat ihnen der liebe Gott geschenkt.

Preiselbeeren werden auch als »die letzten Beeren« bezeichnet, weil sie erst im Herbst reif sind, wo die Saison der anderen Beeren schon vorbei ist. Preiselbeeren lieben im Gegensatz zu den anderen Beeren auch den ersten Frost, denn dadurch verwandelt sich die Stärke in Zucker. Wenn sie einmal »gefroren« werden, sind sie im Anschluss noch süßer für uns. Preiselbeeren haben kriechende Stängel und kurze aufgerichtete Zweige, auf denen Blätter und Beeren wachsen. Die Beeren sind rund und werden erbsengroß bis maximal 1 cm.

Wann und wo ihr sie findet

Die Preiselbeere wächst auf einem sogenannten Halbstrauch, der bis zu 30 cm hoch wird und wir finden sie hauptsächlich in höheren Gebirgslagen. Meist versteckt sie sich in Moorlandschaften, aber auch in höher gelegenen Nadelwäldern und Heidelandschaften können wir sie finden. Sie liebt saure, karge Böden. Für uns ist es das größte Glück, Preiselbeeren sammeln zu gehen. Wir machen uns meist Anfang September zum ersten Mal in die höheren Gebirgslagen auf, um nach dem Reifezustand der Beeren zu sehen. Manchmal haben wir Glück und können schon die erste Ernte mitnehmen. In der Regel sind die Beeren ab dem Herbst bereit. Sobald die Kraftpakete erbsengroß und leuchtend rot sind, dürfen wir sie ernten. Nicht wundern, sie sind hart, wenn wir sie sammeln, das ist ganz normal!

Wie sie wirkt

Preiselbeeren werden als das »Gold der Alpen« bezeichnet. Vor allem ihr hoher Vitamin-C-Gehalt sticht heraus. Aber auch mit ihrem hohen Anteil an B-Vitaminen, Gerbstoffen, Betakarotin, Bitterstoffen, Glykosiden, Mangan, Eisen, Zink und Flavonoiden lässt sich nicht leugnen, dass sie einfach eine Superfood-Beere ist. Preiselbeeren sind bekannt für ihre großartige Hilfe bei Nieren- und Blasenentzündungen. Sie wirken desinfizierend, blutreinigend, harntreibend und zusammenziehend. Durch die enthaltenen Glykoside werden Bakterien kampfunfähig und ausgeschwemmt. Insbesondere Frauen leiden oft an Nieren- und Blasenentzündungen. Ein Glas frischer Preiselbeersaft täglich kann wahre Wunder gegen diese lästige und schmerzhafte Krankheit leisten.

Bei Essstörungen helfen rohe pürierte Preiselbeeren. Preiselbeermus hilft auch Kindern hervorragend bei Appetitlosigkeit.

Was ihr daraus machen könnt

Ein kleiner Tipp zum Säubern: Nach dem Sammeln die Ernte auf das vordere Ende eines Backblechs geben und die Masse langsam nach unten streifen. Auf diese Weise bleibt der Dreck buchstäblich auf der Strecke und du kannst die Preiselbeeren in ein Gefäß geben und abspülen. Preiselbeeren haben einen herb-säuerlichen Geschmack und sind vor allem in der Wildküche beliebt. Ihr könnt die Beeren auch roh essen, wir finden jedoch, dass sie nicht annähernd so geschmackvoll sind wie die gekochte Variante. Das Besondere bei den Preiselbeeren ist auch, dass sie aufgrund ihrer vielen verschiedenen Fruchtsäuren eine sehr konservierende Wirkung haben. Preiselbeeren sind extrem lange haltbar und diese Eigenschaft kann man auch für andere Einmach-Gerichte nutzen. So halten beispielsweise verschiedene Kompotte einfach länger, wenn sie einen Klacks Preiselbeeren dazubekommen. Die herrlich rote Farbe macht es natürlich dann auch gleich noch zu etwas Besonderem. Wir geben zum Beispiel in unser selbstgemachtes Apfelkompott immer etwas Preiselbeeren und finden, dass es sowohl optisch als auch geschmacklich sehr gut harmoniert. Viel Spaß beim Ausprobieren!

PREISELBEER-TRIO

Preiselbeeren kannst du in verschiedenen Varianten einkochen. Als Hauptdarstellerin ist sie eine Wucht. »Normal« eingekocht mit Gelierzucker oder kalt gerührt. Aber auch gemischt mit anderen Früchten macht sie eine gute Figur. Die Preiselbeeren passen hervorragend zu Wildgerichten, aber auch ins Müsli, die Salatsoße, zum Käse und vieles mehr. Für unsere Preiselbeeren verwenden wir wenig Gelierzucker, da die Preiselbeeren viele Pektine enthalten und wir sie am liebsten mit ihrer typischen herben Note genießen.

PREISELBEERMARMELADE

Zutaten
- 1 kg Preiselbeeren
- 200 g Gelierzucker 2:1

Zubereitung
Die frisch geputzten Preiselbeeren in einem Topf gemeinsam mit dem Gelierzucker aufkochen. 4 Minuten sprudelnd kochen lassen und in saubere, ausgekochte Gläser abfüllen.

KALT GERÜHRTE PREISELBEERMARMELADE

Zutaten
- 250 g frische Preiselbeeren
- 50 g Puderzucker

–

Zubereitung
Die Zutaten langsam in einer Rührmaschine 1 Stunde lang rühren. In saubere Gläser füllen und genießen. Hält sich im Kühlschrank einige Wochen. Die kalt gerührte Variante ist noch aromatischer!

BIRNENMARMELADE MIT PREISELBEEREN

Zutaten
- 1 kg reife Birnen
- 200 g Preiselbeeren
- 500 g Gelierzucker 2:1
- 200 ml Apfelsaft

–

Zubereitung
Die Birnen schälen und vom Kernhaus befreien. In Stücke schneiden und in einen Kochtopf geben. Zusammen mit dem Apfelsaft auf mittlerer Hitze weichkochen und mit einem Mixstab pürieren. Dann die Preiselbeeren und den Gelierzucker dazugeben, 4 Minuten sprudelnd kochen lassen und in saubere, ausgekochte Gläser abfüllen.

PREISELBEERSPRITZ

Der Preiselbeerspritz ist schnell gemacht, schmeckt extrem gut und wird auch deine Gäste bestimmt begeistern! Obendrein kannst du mit unserem Minz-Zucker-Rezept einen schönen Rand aufs Glas zaubern.

Zutaten
- Eiswürfel
- 2 cl Preiselbeerlikör
- 6 cl Prosecco oder Weißwein
- 4 cl Mineralwasser
- ein Spritzer Zitronensaft

–

Zubereitung
Alle Zutaten in ein Glas geben und gut durchrühren. Kalt genießen!

PREISELBEERLIKÖR

Zutaten
- 500 g Zucker
- 0,5 l Wasser
- 1 kg frische Preiselbeeren
- 1 l Kornbrand oder Wodka

(30 bis 40%iger klarer Alkohol)

Zubereitung

Das Wasser mit dem Zucker aufkochen, bis sich der Zucker vollständig aufgelöst hat. Erkalten lassen. Die Preiselbeeren in ein geeignetes Glas (weiter Hals, genug Fassungsvermögen) geben und das kalte Wasser-Zucker-Gemisch (Läuterzucker) mit dem Korn übergießen. Das Glas für 3 Wochen auf ein Fensterbrett geben. Den Likör durch ein Sieb laufen lassen, die Beeren beiseite geben und den entstandenen roten Likör in saubere Gläser abfüllen.

PREISELBEER-BUCHWEIZEN-TORTE

Darf es einmal etwas ganz Besonderes sein? Die Torte braucht etwas Muße und Zeit, schmeckt aber absolut köstlich. Mit dem Buchweizenmehl und den Superfoods angereichert ist sie auch für unsere Gesundheit im Gegensatz zu den meisten herkömmlichen Torten ein Fitmacher.

Zutaten
Biskuit
- 6 Eier
- 125 g Zucker
- 125 g Buchweizenmehl
- 50 g gemahlene Haselnüsse
- 1 TL Backpulver
- 1 Prise Salz

Füllung
- 500 g Schlagrahm
- 300 g Preiselbeermarmelade
- 1 Päckchen Sahnesteif
- 1 Päckchen Vanillezucker
- abgeriebene Schale von ½ Bio-Zitrone

Zubereitung

Den Backofen auf 160 Grad Umluft vorheizen. Die Eier trennen, Eiweiß halb steif schlagen, Salz und Zucker dazugeben und steif schlagen. Eigelb schaumig schlagen und unter die Eiweißmasse heben. Das Mehl mit dem Backpulver mischen und über die steife Masse sieben. Vorsichtig unterheben und die Masse in eine mit Backpapier ausgelegte Springform geben. Ab in den Ofen und für 25–30 Minuten backen. Vom Rand lösen und auskühlen lassen.

Den Kuchen mit einem langen Messer in zwei Böden teilen. Die Sahne steif schlagen, dabei Sahnesteif, Vanillezucker und Zitronenschale hinzugeben. Die Preiselbeeren unterheben. ⅔ der Preiselbeersahne auf den ersten Tortenboden in der Springform verteilen und den zweiten Boden aufsetzen. Den Rest der Preiselbeersahne darauf verteilen. Die Torte für 2 Stunden kaltstellen. Torte aus dem Kühlschrank nehmen, mit einem Messer am Rand entlang lösen und die Springform abnehmen. Die Torte entweder »nackt« lassen oder Sahne steif schlagen und damit bestreichen. Eventuell mit Preiselbeermarmelade verzieren und genießen.

DIE HASELNUSS

Unsere Nervenstarke

Wissenswertes über das Kraftpaket

Die Haselnuss ist der »Gutgeist« unter unseren Superfoods. Sie ist ein Pionier und bereitet den Boden für andere Heilpflanzen vor. Sie gehört zu den Birkengewächsen und ist ein Strauch, der bis zu fünf Meter hochwachsen kann. Die Haselnuss ist das Symbol für Zeugungskraft und durfte früher an keinem Hof fehlen. Sie sollte das Haus vor schädlichen Erdstrahlen schützen und Gewitter abwehren. Haselnüsse galten früher als die wertvollsten Früchte des Waldes und ihr Genuss hat schon so manche Steinzeitmenschen über Wasser gehalten. Seine besonders biegsamen Äste werden gern von Wünschelrutengehern verwendet. Dem Holz wird eine besondere Leitfähigkeit für Energien nachgesagt. Haselnüsse werden nicht nur von uns Menschen gern genossen, sondern sind ein wunderbares Futtermittel für Vögel und Kleinsäuger. Also für sie immer auch noch etwas an den Sträuchern lassen!

Wann und wo ihr sie findet

Die Haselnuss hat auch gern Menschen um sich herum und wir finden sie somit in der Nähe von menschlichen Besiedelungen. An Lichtungen und Waldrändern können wir der Nuss auch begegnen. Am besten gedeiht sie auf Kalkböden im Halbschatten. Sie schafft es aber auch bis auf die Berge und gedeiht dort auf bis zu 1400 Metern. Im März und April blühen die Knospen der Hasel und daraus entstehen dann die im September reifen und für uns genießbaren Haselnüsse. Sie sind ungefähr zwei Zentimeter groß, mit einer kugeligen Form, und verstecken sich in einer kleinen mit Blättern umhüllten Becherhülle. Sie besitzen eine sehr harte Schale und darunter eine bräunliche Haut, die mitgegessen werden kann. Wenn ihr sie nicht gleich verwendet, könnt ihr die Nüsse auch lagern. Dazu ist es aber wichtig, dass sie gut durchgetrocknet sind.

Wie sie wirkt

Nüsse generell, und so auch Haselnüsse, sind bekannt für ihren hohen Fettgehalt. Und genau der tut uns in Maßen auch so gut! Die Nuss enthält neben Vitalstoffen wie B-Vitaminen Vitamin E, Kalium, Calcium, Magnesium, Silicium, Mangan, Phosphor und Eisen, 20 % Eiweiß und ungefähr 60 % Fett. Außerdem helfen uns die reichlich enthaltenen ungesättigten Fettsäuren, unseren Cholesterinspiegel zu senken.

Die Nuss wird auch gern als »Nervennahrung« bezeichnet. Sie enthält den Stoff Lezithin in rauen Mengen, der positive Auswirkungen auf unser Nervensystem und unser Gedächtnis hat. Also ruhig immer einmal wieder ein paar Nüsschen zwischendurch kauen, vor allem in Zeiten hoher nervlicher Anstrengung.

Haselnüsse tragen viele Ballaststoffe in sich, die eine Wohltat für unseren gesamten Verdauungstrakt sind. Dem Haselnussöl überlässt man laut Volksmedizin die große Aufgabe, Steine im Körper aufzulösen. Außerdem wirkt sie blutstillend, gefäßverengend und konservierend. Und obendrein wird ihr auch noch eine aphrodisierende Wirkung nachgesagt.

Was ihr daraus machen könnt

Aus der Haselnuss lassen sich wunderbare Rezepte – roh, geröstet, gekocht und gebacken – kreieren und aufpeppen. Sie passt sowohl zu salzigem als auch zu süßem Essen. Und ganz wichtig: Egal in welcher Form ihr die Nüsse zu euch nehmt, kaut sie gut! Bereits durch den Kauvorgang wird unser Gehirn und unsere Nerven angeregt und die Stoffe können besser aufgenommen werden.

HASELNUSSKEKSE
Genuss mit Krümeln.

Zutaten
- 150 g Haselnüsse
- 150 g Schokolade
- 225 g Dinkelmehl Type 630
- ½ Päckchen Backpulver
- 90 g Butter
- 100 g Zucker (Rohrzucker, Kokoszucker)
- 1 Ei
- 1 Prise Salz

Zubereitung

Backofen auf 190 Grad Umluft vorheizen. Die Haselnüsse ohne Fett in einer Pfanne schonend rösten.
Eine Hälfte der Nüsse grob hacken, die andere Hälfte in der Küchenmaschine mahlen.
Die zimmerwarme Butter, den Zucker und das Ei gemeinsam zu einem Teig verarbeiten. Schokolade und Nüsse in der Masse untermengen, Mehl und Backpulver hinzugeben. Backblech mit Backpapier auslegen, mit 2 Esslöffeln Masse formen und mit etwas Abstand zueinander auf das Blech klecksen.
Für 10–15 Minuten backen. Auskühlen lassen und genießen.

NUSSPOWERRIEGEL
Kau dich gesund!

Zutaten
- 180 g Haferflocken, Großblatt
- 2 EL gemahlene Haselnüsse
- 1 Prise Salz
- 1 TL Hanfsaat, geschält
- 7 EL neutrales Pflanzenöl
- 5 EL Honig
- 75 g Haselnüsse
- 1 Prise Zimt
- 1 Prise Vanille

–

Zubereitung
Alle trockenen Zutaten in einer Schüssel vermischen. Fett in einer Pfanne flüssig werden lassen und alle Zutaten und den Honig hinzugeben. Bei mittlerer Hitze für einige Minuten rösten und immer wieder umrühren. Backofen auf 150 Grad Umluft vorheizen. Backblech mit Backpapier auslegen und Masse auf dem Blech verteilen. Ab in den Ofen und für 25 Minuten goldgelb backen. Heiß aufschneiden. Abkühlen lassen und genießen. Die Riegel halten gut gekühlt für ungefähr 2 Wochen.

ROTE-BETE-CARPACCIO
mit Hagebuttendressing und Kapuzinerkresse-
Pesto mit Haselnusstopping
Superfoodexplosion

Zutaten Carpaccio
- 2 Knollen Rote Bete

Zubereitung
Die Rote Bete großzügig schälen und, wenn möglich mit einer Aufschnittmaschine, in feine Scheiben schneiden. Scheiben für 2 Minuten dämpfen. Dies ist in einem Dampfgarer oder einem Topf mit Dampfeinsatz möglich. Rote-Bete-Scheiben auf einem Teller anrichten.

Zutaten Hagebuttendressing
- 1 EL Hagebuttenmarmelade
- 1 EL Olivenöl
- 1 EL Balsamicoessig
- 1 TL scharfer Senf
- einige Spritzer frischer Zitronensaft
- Pfeffer und Salz nach Belieben

Zubereitung
Alle Zutaten gut miteinander vermengen. Dies geht am besten mit einem Stabmixer, einem Schraubglas oder einem Shaker. Dressing kaltstellen und erst kurz vor dem Genießen darüber gießen.

Zutaten Kapuzinerkresse-Pesto
- 1 Handvoll Kapuzinerkresse-Blätter und -Blüten
- 1 EL geröstete Haselnüsse
- 1 Prise Salz
- 3 EL Olivenöl

–

Zubereitung
Alle Zutaten im Mixer zerkleinern und vermengen. Pesto bis zum Genießen kaltstellen. Das Pesto hält sich einige Tage im Kühlschrank.

–

Haselnusstopping
1 Handvoll geröstete Haselnüsse hacken und zum Schluss über das Carpaccio streuen.

MÜSLIBROT
Einfach – basisch – lecker

Zutaten
- 150 g Haferflocken
- 150 g Sonnenblumenkerne
- 100 g ganze Haselnüsse
- 30 g Leinsamen
- 10 g Brennnesselsamen
- 10 g Hanfsamen
- 1 leicht gehäufter Teelöffel Salz
- 1 gehäufter Teelöffel Brotgewürz
- 350 ml Wasser, bei Bedarf etwas mehr

Zubereitung
Die Zutaten mit dem Wasser in eine Schüssel geben, vermengen und über Nacht quellen lassen. Backofen auf 180 °C Umluft vorheizen. Die Brotmasse in eine mit Backpapier ausgekleidete Form geben und für eine halbe Stunde backen. Nach einer halben Stunde, wenn das Brot eine feste Form angenommen hat, wenden und weitere 30 Minuten backen. Abkühlen lassen und genießen. Das Brot hält sich gut eine Woche.

BIRCHERMÜSLI MIT HASELNÜSSEN UND PREISELBEEREN
Morgendlicher Kick.

Zutaten
- 250 g Haferflocken
- 300 ml Milch
- 100 g griechischer Joghurt
- 50 g Rosinen
- 50 g Haselnüsse
- 2 EL Honig
- 2 Äpfel
- 4 EL Preiselbeermarmelade
- Saft von ½ Zitrone
- nach Belieben: Gewürze wie Zimt, Kardamon, Ingwer

Zubereitung
Die Haferflocken mit der Milch und den Haselnüssen in eine Schüssel geben, vermengen und über Nacht quellen lassen. Am Morgen die Äpfel raspeln und mit dem Zitronensaft vermengen. Alle Zutaten unter die Haferflocken mischen und anrichten. Ihr könnt gern auch die doppelte Menge machen und das Müsli auf mehrere Tage verteilt genießen. Aber dazwischen immer wieder in den Kühlschrank geben. Übrigens macht sich eine Prise Zimt sehr gut auf dem Müsli. Zimt hat unter anderem die tolle Eigenschaft, unseren Blutzuckerspiegel zu senken.

DIE HAGEBUTTE

Bester Vitamin-C-Boost

Wissenswertes über das Kraftpaket

Jeder kennt sie, die liebe Hagebutte – vom herbstlichen Spaziergang, als Tee usw. Und das ist gut so, denn sie ist durch ihre geballte Nährstoffvielfalt ideal im Kampf gegen sämtliche Infektionen. Vielleicht kennt ihr sie auch noch aus eurer Kindheit als »Juckpulver«? Wenn man die Frucht öffnet, die Kerne entnimmt und diese auf die Haut gibt, juckt es ganz schrecklich. Damit haben sich Kinder gern gegenseitig gehänselt.

Die Hagebutten sind die Früchte der Hundsrose, die zu den Rosengewächsen zählt. Wie ihr sehen werdet, sind sie keineswegs die »verblühte kleine Schwester« der Rose. Sie sind ein hochpotentes heimisches Lebensmittel. Die Hagebutte wird als die »Seele der Rose« bezeichnet. Sie ist das Symbol der Zuneigung, Fruchtbarkeit und Verehrung der Toten. Wir müssen nicht traurig sein, wenn die Rosenblüten verwelken, denn nach ihnen kommt die eigentliche Kraft der Frucht zum Ausdruck. Die Rose und die Hagebutte können uns lehren, mehr auf die inneren Werte und das Wesentliche zu achten.

Wann und wo ihr sie findet

Hagebutten finden wir meist in Hecken und Gebüschen. Die Heckenrose blüht im Juni und Juli und anschließend kommen die Hagebutten zum Zug. Sie haben im Herbst ihre Hochzeit. Sie möchten geerntet werden, wenn sie sich leicht vom Stamm lösen und weich anfühlen. Es heißt, dass sie am besten nach dem ersten Frost gesammelt werden sollen und dann ihre heilkräftigste Wirkung haben. Es gibt auch einen Trick, wenn ihr nicht so lange warten wollt: Sammelt sie kurz vor dem ersten Frost, gebt sie einen Tag in den Tiefkühler und gaukelt ihnen den Frost vor. Dann könnt ihr sie direkt weiterverarbeiten.

Wie sie wirkt

Die Hagebutte ist vor allem als vitaminspendendes und harntreibendes Mittel bekannt. Sie gehört zu einer unserer vitaminreichsten Früchte überhaupt und quillt gerade so über vor Vitamin C. 100 g Hagebutten enthalten vergleichsweise 20-mal mehr Vitamin C wie Zitronen. Täglich ein Esslöffel voll Mus reicht aus, um den Tagesbedarf eines Erwachsenen zu decken. Im Krankheitsfall dürfen es bis zu fünf sein. Die Hagebutte enthält außerdem Vitamin E, K, B1, B2, Karotin und eine Menge Eisen, Magnesium, Natrium, Kalium, Kupfer, Zink, Calcium, Phosphor, Carotin, Gerbstoffe und auch ein klein wenig ätherisches Öl.

Erwähnenswert ist auch ihr extrem hoher Pektingehalt mit 25 %. Deshalb kann man die Hagebuttenmarmelade oder das Mus auch mit herkömmlichem Zucker einkochen und benötigt keinen pektinreichen Gelierzucker.

Die Hagebutte unterstützt uns bei der Blutbildung, sie wirkt entzündungshemmend und ist der ideale Begleiter für fast jede Krankheit, vor allem auch für Menschen mit Neigung zu Harnwegsinfekten. Wenn du betroffen bist, kennst du bestimmt *Cranberries* als empfohlene Einnahme. ABER: Die Hagebutte hilft noch besser mit ihrem extremen Vitamin-C-Gehalt und ihren Antioxidantien. Sie wirkt in der Niere entzündungshemmend und sehr harntreibend, ohne unsere Nieren zu belasten. Und sie ist noch dazu vor unserer Haustüre und muss nicht weite Flugreisen unternehmen, um zu uns zu gelangen.

Ein Hauptanwendungsgebiet der Hagebutte ist auch die Gelenksarthrose beziehungsweise bei Schmerzen und Steifigkeit der Gelenke. Hierbei empfiehlt sich vor allem die Einnahme des unten beschriebenen Hagebuttenpulvers.

Was ihr daraus machen könnt

Hagebutten weiterzuverarbeiten ist etwas für Geduldige. Es ist nicht so leicht, an das begehrte Mark zu gelangen. Sie ist die Frucht, die uns am meisten Zeitaufwand beschert. Wir können es trotzdem jedes Jahr aufs Neue wieder nicht lassen, etwas Schönes aus ihr zu kreieren.

HAGEBUTTENMUS
Heilnahrung auf dem Frühstücksbrot.

Zutaten
· 500 g Hagebutten
· 100 g Zucker
· 200 ml Bio-Apfelsaft
· einige Spritzer Zitrone

–

Zubereitung
Die Hagebutten an beiden Enden mit dem Messer vom Stiel und der Blüte befreien. Die Hagebutten gemeinsam mit dem Apfelsaft weichkochen und bei niedriger Hitze für eine Stunde durchziehen lassen. Die Hagebutten durch ein Sieb streichen, damit die Kerne vom Mus getrennt werden. Das reine Mus mit dem Gelierzucker vermengen und sprudelnd für ungefähr 4 Minuten aufkochen lassen. In saubere, ausgekochte Schraubgläser füllen und genießen.

FRÜCHTETEE
Aroma und Genuss für alle Sinne.

Zutaten
- Hagebutten
- Apfel
- Birne
- Heidelbeeren
- Holunderbeeren
- Himbeeren

–

Zubereitung
Alle Zutaten, wenn möglich im Dörrapparat, trocknen. Ansonsten ist es auch möglich, die Früchte auf einem Backblech zu verteilen und bei 40 Grad mit einem Holzlöffel zwischen der Türe zu trocknen. Der Holzlöffel dient dazu, dass die Feuchtigkeit im Backofen entweichen kann. Die Trockenzeit beträgt zwischen 4 und 8 Stunden, einfach zwischendurch den Trocknungszustand der Früchte kontrollieren. Anschließend alle Zutaten zerkleinern und mischen. Abfüllen und innerhalb von einem Jahr verbrauchen. Den Tee mit heißem Wasser übergießen und für 5 Minuten zugedeckt ziehen lassen. In den fertigen, etwas abgekühlten Tee etwas Honig und frische Zitrone geben. Damit wird das enthaltene Vitamin C nochmals aktiviert. Der Tee eignet sich auch hervorragend zur Vorbeugung von Krankheiten, denn er erhöht die Widerstandskraft des Körpers.

HAGEBUTTENPULVER

Das Hagebuttenpulver füllt nach und nach auch die Regale der Anbieter von Mineralstoffpräparaten. Das Pulver könnt ihr aber auch wunderbar selbst machen und euch an dessen Wirkung erfreuen. Das Pulver wird aus der ganzen getrockneten Frucht hergestellt. Es darf nicht erhitzt werden und zur täglichen Einnahme empfiehlt sich, 1–2 Teelöffel ins Joghurt, Müsli oder ein Glas Saft zu rühren.

Zutaten
- Hagebutten

–

Zubereitung

Die Hagebutten mit einem scharfen Messer vom schwarzen Blütenrückstand am Ende der Frucht befreien. Dann der Länge nach halbieren und die Hagebutten-Hälften im Dörrapparat trocknen. Alternativ könnt ihr die Hagebutten an einem warmen Ort oder im Backofen bei etwa 40 Grad trocknen. Es gibt immer Alternativen, wenn man bestimmte Geräte nicht besitzt oder parat hat. Die trockenen Früchte im Mixer zu Pulver verarbeiten.
Das Pulver passt super zu Joghurt, zum Müsli oder in den Früchtetee – für das Extra an Vitamin C.

Wie sammle ich heimisches Superfood am besten?

Generelle Sammeltipps

Wenn ihr euch die ersten Male in eurer Heimat zum Sammeln aufmacht, empfehlen wir euch auch, an einer örtlichen Kräuterführung teilzunehmen. So lernt ihr auch noch besser kennen, was bei euch an Superfoods vor der Türe wächst, und es reduziert sich natürlich auch die Verwechslungsgefahr mit unerwünschtem Sammelgut.

Wo wir sammeln – in unserer Heimat

Unser Alpenraum wimmelt geradezu von heimischem Superfood – natürlich vermehrt im Naturraum und nicht in Ballungszentren –, wir müssen nur die Augen dafür öffnen.

Wir sammeln generell nur an ungespritzten Wiesen und Wäldern, fernab von Autobahnen und weit weg von mit Pestiziden behandelten Feldern. In Naturschutzgebieten ist es untersagt, zu sammeln. Aber es gibt mehr als genügend passende Sammelplätze, wo wir weder der Natur noch den Menschen etwas »wegnehmen« und hervorragende Pflanzenqualität vorfinden. Bei jedem Superfood findest du eine genauere Beschreibung, wo es sich gern aufhält. Je höher in der Bergwelt sich unsere Pflanzen befinden, desto heilkräftiger ist ihre Wirkung.

Wann wir sammeln – so oft es geht

Die Literatur ist voll mit Tipps zum genau richtigen Sammelzeitpunkt. Wir sind jedoch der Meinung, vorausgesetzt, dass die Pflanze »reif« ist, dass es fast jederzeit sinnvoll ist zu sammeln. Denn wer hat in unserer schnelllebigen Zeit schon genau zu dem perfekten Sammelmoment Zeit und vor allem auch genau dann Lust dazu? Der Mondstand soll passen, die Uhrzeit, der Sonnenstand, drei Tage vorher soll es nicht geregnet haben, zu trocken darf es aber auch nicht sein … Natürlich ist es nicht sinnvoll, sammeln zu gehen, wenn die Pflanzen pitschnass sind, da sie dann schnell schimmeln, aber wir vertrauen hier mehr auf unsere innere Uhr und die persönliche Lust und Möglichkeit, rauszugehen. Du findest hier sicher dein richtiges Maß. Generell lässt sich sagen, dass der günstigste Zeitpunkt des Sammelns der Vormittag ist, sobald der Tau abgetrocknet ist. Wenn du dich genauer mit dem »perfekten« Sammelzeitpunkt beschäftigen willst, findest du in den Büchern in unserem Quellenverzeichnis hilfreiche Tipps.

Wie wir sammeln – mit Spaß und Achtsamkeit

Für uns ist es das Wichtigste, beim Sammeln Spaß zu haben und achtsam mit der Natur und ihren Geschenken umzugehen. Wir haben uns selbst für unser Hobby ein paar Sammelregeln aufgestellt, die wir hier gern mit dir teilen möchten:

- Wir sammeln nur, was wir auch sicher kennen. Wir nehmen die Pflanze mit all unseren Sinnen auf und wenn wir unsicher sind, gilt: unbedingt stehen lassen, es gibt auch genügend giftige Verwechslungsgefahren.
- Wir sammeln stets mit Bedacht und Dankbarkeit den Geschenken der Natur gegenüber.
- Wenn Tiere an den Pflanzen sind, lassen wir ihnen den Vorrang.
- Wir sammeln nur so viel, wie wir auch brauchen bzw. verwenden und sind bedacht, dass der Natur, den Tieren und anderen Sammelliebhabern auch noch genügend übrigbleibt. Von jeder Pflanze lassen wir immer mindestens ein Viertel des Bestandes unangetastet.
- Es wird so gesammelt, dass anschließend nicht zu sehen ist, dass an dieser Stelle gesammelt wurde, also: nichts »kahlscheren« und immer Blüten für die nächste Samenreife zurücklassen.
- Wir sammeln nur die Pflanzenanteile, die wir wirklich benötigen. Die Reste überlassen wir der Natur.
- Wir arbeiten schon beim Sammeln sehr sauber, reinigen und verlesen, so gut es geht, schon vor Ort unsere Schätze.
- Wir sammeln ausschließlich von gesunden Pflanzen.
- Wir sammeln nicht auf privaten Grundstücken.
- Wir sammeln nur auf ungedüngten und nicht mit Pestiziden belasteten Wäldern- und Wiesen. Wir erkennen natürliche Wiesen an ihrer Arten- und Insektenvielfalt. Nicht landwirtschaftlich genutzte Flächen sind meist naturbelassen.
- Geschützte Pflanzen und Früchte rühren wir nicht an. Wir

halten aber gern kurz vor ihnen inne und erfreuen uns an ihrem Dasein.
- Hygiene: Wir achten darauf, dass unsere Hände vor dem Sammeln sauber sind und waschen sie auch gleich wieder nach dem Sammeln. Wenn die Hände zum Beispiel nach dem Heidelbeersammeln mit Seife nicht mehr sauber werden, geht es leicht mit etwas Zitronensaft weg.

Fuchsbandwurm: Du hast Angst vor dem Fuchsbandwurm? Das ist verständlich! Bei dem Fuchsbandwurm handelt es sich um einen Parasiten, der vor allem Füchse und Nagetiere befällt. Der Mensch kann sich über die orale Aufnahme der Eier infizieren, die die Tiere in der Natur ausgeschieden haben. Die Erkrankung kommt sehr selten vor. Wir empfehlen, folgende Punkte in Anlehnung an den »NABU – Naturschutzbund Deutschland e. V.« beim Sammeln zu beachten:
- Die Superfoods von soweit oben wie möglich nehmen, wo die Tiere nicht mehr so leicht hinkommen.
- Keine Superfoods sammeln, wenn ihr in der Nähe von ihnen Fuchskot seht. Fuchskot ist an einer drei bis acht Zentimeter langen Kotwurst zu erkennen. Bitte sammelt einfach keine Superfoods in der Nähe von jeglichem Kot. Dann seid ihr auf der sicheren Seite.
- Die Superfoods kochen – einmal kurz auf über 100 Grad ist ausreichend, dann können keine Keime mehr überleben.

Wie wir die Ernte weiterverarbeiten – mit Liebe und Genuss

Sobald wir mit der Ernte zu Hause angekommen sind, versuchen wir, sie auch so schnell wie möglich weiterzuverarbeiten. Nichts ist schlimmer, wie der Natur ihre Schätze zu nehmen und dann nichts mit ihnen zu machen oder sie zu Hause schlecht werden zu lassen. Zuallererst breiten wir unsere Ernte auf einem großen, sauberen Tisch aus und bewundern sie noch einmal. Dann machen wir uns ans Werk, je nachdem, was wir mit ihnen vorhaben. Du findest im nächsten Kapitel wichtige Verarbeitungstipps und Grundrezepte.

Sammelutensilien

Wir empfehlen dir, deine Sammelutensilien möglichst an einem Platz bereitzustellen. Falls dich spontan die Sammellust überfällt, kannst du immer gleich loslegen. Wir finden es auch sehr schön, unseren Sammelutensilien einen festen Platz zu geben. Wir lagern sie in einer schönen Box mit einem Naturfoto darauf, in der unsere Sammelhelfer immer parat stehen. Manchmal blicken wir auch nur auf die Box und der Anblick zaubert schon ein Lächeln auf unsere Lippen und weckt schöne Erinnerungen an unser Sammelglück.

Je nach Wunsch, was gesammelt werden soll, empfehlen wir einem alpinen Superfoody, folgende Utensilien dabei zu haben:

Mehrere Stofftaschen: Oft weiß man ja vorher nicht, wie viel Sammelerfolg einen erwartet. Stofftaschen haben wenig Gewicht und es kann gut auch eine zu viel eingepackt werden. Wir haben gern immer ein paar davon dabei. Fast alle Superfoods lassen sich gut darin sammeln. Die frischen, saftigen Beeren wollen lieber in einem festen Behälter gesammelt werden.

Klappmesser aus Keramik: Bitte unbedingt auf Keramik achten, denn Pflanzen mögen kein Metall und ein scharfer Schnitt aus Keramik tut ihnen auch weniger »weh« wie das Abreißen. Dass kein Metall verwendet werden soll, stammt noch aus kulturgeschichtlicher Zeit, als Eisen als unrein angesehen wurde. Damit wurden Kriege geführt und Mutter Erde sollte mit diesem Material nicht berührt werden. Diese Regel beachten wir bis heute.

Flechtkorb: Die Pflanzen liegen luftig und trocken in einem flachen Flechtkorb.

Außerdem haben wir gerne eine **Gartenschere**, eine **Lupe** und ein **Bestimmungsbuch** bei uns.

Kleidungsempfehlung

Wir sind ja schließlich keine Schönwettersammler und gehen hinaus, wann immer es geht … also wappne dich am besten mit guter Sammelkleidung!

Schuhe: Bitte trage Schuhe, die über die Knöchel reichen –, oft ist man in Moorwiesen und sumpfigen Wiesen unterwegs, wo auch schon Weidetiere ihre Spuren hinterlassen haben. Und die Gefahr des Umknickens wird durch entsprechendes Schuhwerk ebenso reduziert. Außerdem sollten die Schuhe wasserdicht sein und dir nicht zu schade sein, wenn du beispielsweise tief im Matsch damit landest.

Sonnen-/Regenkappe: Beim Sammeln vergisst man gern Zeit und Raum. Pass also vor allem bei starker Sonnenstrahlung auf, dass dein Kopf geschützt ist. Und bei Regen ist eine Kappe natürlich auch angenehm!

Sonnencreme: Creme dich am besten noch zu Hause eine halbe Stunde vor dem Losmarschieren gut mit Sonnencreme ein. Wir haben auch immer eine kleine handliche Sonnencreme mit im Rucksack.

Lange Hose: Selbst an heißen Tagen empfehlen wir eindringlich, lange Hosen zu tragen, um sich einerseits vor Mücken, Zecken und anderen Tieren zu schützen, und vor allem auch, um zwischen unserer Haut und den Stacheln der Superfoods noch eine andere schützende Schicht zu haben.

Kochutensilien

Deine Hände sind die besten Kochutensilien – allein mit ihnen kannst du schon wunderbare Superfoods zubereiten. Für die Weiterverarbeitung der Superfoods gibt es natürlich ein paar Helferlein, die es dir vereinfachen. Wir stellen dir hiermit ein paar hilfreiche Kochutensilien vor, aber alles kein Muss … Es macht einfach mehr Spaß, wenn man mit gutem »Werkzeug« arbeitet.

Mörser: zum Zerquetschen der Kräuter, zum Zubereiten von Kräutersalz und vielem mehr

Küchenmaschine: für Pestos, Aufstriche usw.

Pürierstab: zum Zerkleinern der Kräuter, für Pestos, Suppen, Smoothies …

Kochtopf: für Sirup, Limonade, Marmelade und vieles mehr. Bitte achte darauf, dass der Topf auch groß genug und vor allem hoch genug ist, damit die Masse auch genug Platz hat zum »Aufblubbern«.

Dampfentsafter: für Gelees, frische Säfte und vieles mehr

Holzlöffel: braucht man immer

Scharfes Messer: zum Zerkleinern der Kräuter usw.

Wiegemesser: es macht Spaß, die Kräuter mit einem Wiegemesser fein kleinzuschneiden

»Flotte Lotte«: das ist ein Passiergerät zum Herstellen von feinen Marmeladen ohne Kerne – das Lieblingsgerät für Marmeladen-Freaks

Trichter: Wir benötigen sowohl einen normalen Trichter mit einem schmalen Ausgang zum Abgießen von Sirup und Likör. Aber auch ein Trichter mit einem weiten Ausgang ist sehr hilfreich zum sauberen Abfüllen von Marmeladen, Chutneys und vielem mehr.

Sieb: ihr braucht sowohl ein grobmaschiges als auch ein feinmaschiges Sieb

Was kann ich mit heimischem Superfood machen?

Aus unseren heimischen Superfoods lassen sich so tolle Leckereien zaubern! Wir hoffen, es waren ein paar Inspirationen unter unseren Rezepten für dich dabei. Wie bei der klassischen Kochlehre gibt es auch für unsere Superfoods ein paar Grundhandkniffe und Fachbegriffe, die wir hier gern mit dir teilen möchten. Ein großes Ziel der Weiterverarbeitungstipps ist es, möglichst lange an der Kraft der gesammelten Superfoods Nutzen zu haben.

Verarbeitungstipps

Abschütteln: Auf den Superfoods sitzen gern auch kleine Tierchen, deshalb empfiehlt es sich, sie nach der Ernte vorsichtig »abzuschütteln«. Je mehr der Tiere direkt an ihrem Heimatort bleiben können, umso besser ist es! In unserer Küche brauchen wir sie wirklich nicht! Zum Beispiel bei den Holunderblüten ist das Abschütteln besonders vonnöten.

Reinigen: Sobald wir zu Hause angekommen sind, sehen wir die Ernte gründlich durch. Wir sortieren sie mithilfe von Holzbrettern oder Geschirrtüchern. Am Schluss geben wir unsere Superfoods auf ein weißes Blatt Papier oder Tuch und oft huschen dann noch einige kleine Tierchen davon. Die helle Farbe »blendet« sie und so machen sie sich natürlich auf die Flucht, ohne dass wir sie töten müssen. Die Ernte, wenn möglich, nicht waschen: Vor allem Grünpflanzen können einen Teil ihrer Aromen nach dem Waschen verlieren.

Direkt frisch genießen: Je jünger und frischer unsere Pflanzen sind, desto aromatischer und kraftvoller schmecken und wirken sie. Vor allem unsere Beeren kannst du gleich beim Sammeln direkt frisch genießen, sie zu Hause in Salate, Müslis usw. geben.

Trocknen: Das Trocknen ist eine beliebte Form der Konservierung unserer Superfoods. Vor allem für Tees eignet es sich, unsere Superfoods zu trocknen. Aber auch für Salze trocknen wir gern unsere Kräuter, wie Quendel, Minze, Brennnessel und Holunderblüte. Zum Trocknen eignet sich ein staubfreier, luftiger Dachboden. Doch wer hat diesen schon? Die meisten von uns wahrscheinlich nicht! Wenn doch, freut er sich bestimmt über ein kleines, feines »Kräutereckerl«. Und ansonsten könnt ihr in jedem anderen trockenen Raum auch wunderbar eure Kräuter trocknen. Aber bitte nicht direkt auf die Heizung oder den Ofen legen. Ihr könnt sie in einem Korb legen, der mit einem Geschirrtuch oder Küchenpapier ausgelegt ist. Ein Ofengitter mit einem Tuch darüber eignet sich auch sehr gut. Die Pflanzen so ausbreiten, dass sie nicht übereinander liegen und zwischendurch ist es wichtig, immer wieder den Trockenzustand zu kontrollieren und die Superfoods zu wenden. Bestimmt habt ihr auch schon einmal die umgedrehten »Kräuterbuschen« gesehen. Ihr könnt einen Bund der gesammelten Kräuter einfach locker mit einer Schnur zusammenbinden und an die Wand hängen. Die Pflanzen müssen gut durchgetrocknet sein, ansonsten fangen sie leicht zu schimmeln an, wenn wir sie abfüllen. Zu trocken sollten sie auch nicht sein, damit sie nicht zu dürr werden. Je nach Pflanzenart und wie trocken oder feucht wir sie gesammelt haben, variiert die Trocknungszeit. Mit rund einer Woche könnt ihr rechnen. Wenn ihr getrocknete Blätter zwischen die Finger nehmt und sie sich wie knisternde Cornflakes anfühlen, sind sie bereit für die Lagerung. Und achtet darauf, dass ihr euren Vorrat auch verwendet. Getrocknete Kräuter sollten nach einem Jahr wieder ausgetauscht werden. Die Wirkstoffe bauen dann zu sehr ab. Sie sind aber auf jeden Fall noch verwendbar. Du kannst sie in Kräuterbädern, Gießwasser oder für den Kompost verwenden. Aber bitte nicht einfach entsorgen! Wir gehen sorgsam mit den Pflanzengeistern und unserer einst gesammelten Ernte um.

Auslese: Unter dem Begriff »auslesen«, verstehen wir das Reinigen unserer Superfoods von Zweigen, Blättern und sonstigen Verunreinigungen. Nach der Auslese bleibt das reine Produkt über, welches wir verwenden möchten.

Einlegen: Um die Superfoods möglichst lange zu genießen, kann man sie »einlegen«. Du kannst sie in Wasser, Essig, Öl, Alkohol, Honig,

Zucker und Salz einlegen. Einfach die Superfoods in ein weithalsiges Glas geben und mit dem gewünschten Einlegegut befüllen. In der Regel lässt man die Pflanzen einen Mondzyklus, also vier Wochen lang, darin ruhen. Dies variiert aber je nach Einlegeart. Unter unseren Grundrezepten findest du genauere Beschreibungen.

Ausziehen: Ausziehen bedeutet, dass man die Pflanzenkraft »auszieht« und für uns in eine Form bringt, in der wir sie gut konsumieren können. Dies ist möglich, wie beim »Einlegen«, mit Wasser, Essig, Öl, Alkohol, Honig, Zucker und Salz. »Ausziehen« bedeutet im Grunde das gleiche wie »einlegen«.

Aufgießen: Der Begriff »aufgießen« wird oft verwendet, wenn man beschreiben will, dass man frische oder getrocknete Pflanzenblätter mit heißem Wasser zu einem Tee aufgießt. Es reicht grob ein Teelöffel des frischen Krautes für eine Tasse Tee, welche 3–5 Minuten zugedeckt ziehen soll, bevor man sie genießen kann.

Einsalzen: Salz ist ein hervorragender »Haltbarkeitsmacher«. Ein Kraut »einzusalzen« bedeutet, dass man mindestens die dreifache Menge an Salz mit den Kräutern mischt.

Einzuckern: Einzuckern stellt das Pendant zum »Einsalzen« dar. Die Minze eignet sich beispielsweise hervorragend dazu.

Einfrieren: Vor allem unsere Beeren eignen sich hervorragend zum Einfrieren. Ihr könnt sie so das ganze Jahr nach Lust und Laune genießen.

Einwecken: Das Ziel des »Einweckens« ist die Konservierung von Lebensmitteln. Hierzu werden Lebensmittel mit einer Flüssigkeit aus Wasser, Essig, Salz oder Zucker in ein steriles Glas gefüllt. Es wird luftdicht mit einem Twist-off-Deckel oder den bekannten Weckgläsern mit Gummi und Klammern verschlossen. Anschließend geht es in ein

Wasserbad, um von außen erhitzt und nochmals sterilisiert zu werden. Jetzt geht's ans Eigemachte!

Abrebeln: »Abrebeln« ist zum Beispiel bei unseren Holunderbeeren vonnöten. Die Beeren sanft von den Stängeln »abrebeln« bedeutet, dass die Beeren möglichst unbeschädigt in ein extrasauberes Gefäß von den Stängeln »abgezupft« werden. Das können wir mit unserem wichtigsten Werkzeug – unseren Händen – machen, aber auch die spitzen Zacken einer Gabel eignen sich dazu.

Aufbewahren: Es ist ganz wichtig, die Superfoods vor Luft, Licht, Feuchtigkeit und Staub zu schützen. Achtet darauf, dass ihr sie in saubere, trockene und luftdichte Gefäße gebt. Wir füllen sie am liebsten in weithalsige durchsichtige Gläser und beschriften sie mit Kräuternamen und Sammeldatum. Bitte keine Metall- oder Plastikgefäße nehmen. Die Superfoods halten am besten in einem kühlen Raum bei 16–18 Grad. Vielleicht kannst du dir ja eine kleine eigene »Superfood-Speisekammer« einrichten. Auch an schönen individuellen Etiketten kannst du dich vielleicht erfreuen! Und wenn du einmal spontan ein Geschenk benötigst, hast du ein originelles Mitbringsel griffbereit.

Grundrezepte

Die folgenden Grundrezepte sollen dich dazu inspirieren, über die von uns vorgestellten Rezepte mit den Superfoods leckere Köstlichkeiten zu zaubern. Die Grundrezepte lassen sich bei fast jedem Superfood anwenden.

Sirup

Zutaten

- ein Teil Wasser oder Fruchtsaft
- ein Teil Zucker
- Saft von einer 1 Zitrone pro Kilo Früchte
- Kräuter oder Blüten. Für ein Kilo Zucker nehmen wir beispielsweise 10 Dolden Holunderblüten, 10 Stängel Pfefferminze oder 2 Handvoll Alpenkräuter.
- Gewürze nach Belieben; Zimt und Nelken verwenden wir sehr gern. Aber passt auf mit der Dosierung, sie geben einen starken Geschmack ab!

—

Der einfachste Sirup und zugleich die Basis ist der »Läuterzucker«, bestehend aus einem Teil Zucker und einem Teil Wasser. Die Mischung wird so lange gekocht, bis sich der Zucker vollständig aufgelöst hat. Der Läuterzucker kann durch die Zugabe von Kräutern oder Blüten zum Sirup weiterverarbeitet werden. Die Kräuter oder Blüten werden mit dem heißen Gemisch übergossen und ziehen dann für bis zu 3 Tage an einem kühlen Ort durch. Ein Keller oder eine Speisekammer genügt, es muss kein Kühlschrank sein.

Mithilfe eines Siebes werden dann die festen Teile wieder aus dem Sirup gefiltert. Der klare, von Kräutern und Blüten befreite Sirup ist nun bereit für den Genuss und kann in saubere, sterile Flaschen abgefüllt werden. Bitte lagert ihn kühl und dunkel. Ihr könnt euch ein Jahr daran erfreuen.

Marmelade/Gelee/Mus

Sobald du zum ersten Mal zum Frühstück deine eigene selbstgemachte Superfoodmarmelade genießt, wirst du bestimmt genauso süchtig danach sein wie wir auch und gar keine andere mehr mögen. Du kannst somit jeden Tag aufs Neue »Sommer aus dem Glas« konsumieren. Das Einmaleins des Marmeladenkochens ist nicht schwer und du hast auch hier wie bei vielen anderen Superfoods viel Bewegungsspielraum.

Wenn du unsere Tipps beachtest, gelingt es dir bestimmt!

Und was ist nun noch der Unterschied zwischen Marmelade, Konfitüre, Fruchtaufstrich, Gelee und Mus? Laut Gesetz sind all diese Bezeichnungen der Produkte, die in den Handel kommen, ganz klar definiert. Bei unseren selbstgemachten Köstlichkeiten geht es nicht so genau einher. Meistens handelt es sich dabei um das Frucht-Zucker-Verhältnis, das den Unterschied macht. Konfitüre und Fruchtaufstrich sind ident. Marmeladen im Handel werden ausschließlich aus Zitrusfrüchten produziert. Bei uns darf aber die Marmelade »Marmelade« heißen. Der Name »Mus« wird verwendet, wenn es sich um einen Fruchtanteil über 50 % handelt. Gelee ist es, sobald man aus dem Fruchtsaft eine feste Form macht. Im Gelee sind keine Fruchtstückchen oder Kerne enthalten.

Zutaten
- **2 Teile Früchte oder Saft**
- **1 Teil Gelierzucker 2:1**
- **Saft von 1 Bio-Zitrone auf 1 kg Früchte**

Vorbereiten

Je besser du deine Marmelade vorbereitest, desto sicherer wird dein Ergebnis. Es ist nämlich immer wieder spannend, ob die Marmelade es auch tatsächlich schafft, zu gelieren. Und das hängt einfach von deinem Zucker-Frucht-Verhältnis ab. Wiege die Früchte, die du verarbeiten willst, genau ab und justiere den Zucker entsprechend. Grundsätzlich gilt: Der Zucker macht die Marmelade nicht nur süß, sondern auch haltbar. Es gibt im Handel verschiedene Gelierzuckervarianten. Wir verwenden meist den Gelierzucker 2:1. Das bedeutet, dass für ein perfektes Ergebnis 2 Teile Früchte und 1 Teil Zucker zu verwenden sind. Es gibt auch die Variante 1:1, 3:1, aus Biorohrzuckerqualität, weißem Zucker, Birkenzucker und vieles mehr. Auch Honig könnt ihr als Konservierungsmittel nehmen. Jedoch keine künstlichen Süßstoffe, sie haben diese Wirkung nicht. Ihr könnt auch reines Pektin und extra Zucker im Handel bekommen.

Zum Verwenden vom Gelierzucker ist noch anzumerken, dass Fruchtsorten einen unterschiedlich hohen Anteil natürlicher Pektine haben. Pektin ist der Stoff in der Frucht, der die Marmelade gelieren lässt.

Bei Früchten mit vielen Pektinen kann der Anteil an Gelierzucker um ungefähr ein Drittel reduziert werden. Dazu die Früchte mit dem reduzierten Gelierzucker vermischen und 2 Stunden durchziehen lassen. Bei Früchten mit wenig Pektin ist es ratsam, eine »Gelierprobe« zu machen. Für die Gelierprobe wird kurz vor dem Abfüllen ein Esslöffel der Marmelade auf einen Unterteller gegeben und verteilt, durch die große Fläche wird die Marmelade sofort kalt und ihr könnt beobachten, ob die Masse fest wird.

Wenn die Masse nicht fest wird, könnt ihr noch mehr Gelierzucker zugeben. Früchte mit hohem Pektingehalt sind beispielsweise die Preiselbeere, Heidelbeere, Berberitze, der Apfel, die Schwarze Johannisbeere.

Früchte mit mittlerem Pektingehalt sind beispielsweise die Brombeere, Himbeere, Birne, Pflaume, Rote Johannisbeere.

Früchte mit geringem Pektingehalt sind beispielsweise die Holunderbeere, Erdbeere, Kirsche.

Unsere Superfoods sind also überall dabei. Gern könnt ihr auch verschiedene Früchte untereinander mischen.

Wichtig ist es auch, vor dem Abfüllen zu kontrollieren, dass die Gläser, Deckel, Kochlöffel und alle Geräte, die mit unserem schönen Superfood in Berührung kommen, einwandfrei sauber sind.

Kochzeit beachten

Sobald die Fruchtmasse mit dem Gelierzucker sprudelnd zu kochen beginnt, zählen die Minuten. Es dauert zwischen 3 und 4 Minuten, bis die Masse zum Gelieren anfängt. Achte auch darauf, einen genügend großen Topf zu nehmen, der nur bis zur Hälfte gefüllt wird. Es gibt übrigens auch die Variante einer kalt gerührten Marmelade. Der Vorteil ist, dass alle Vitamine erhalten bleiben. Du musst sie jedoch gleich genießen, denn das Frischepaket hält im Kühlschrank nur ungefähr 1 Woche. Dazu einfach einen speziellen Gelierzucker ohne Kochen kaufen und diesen mit den Früchten gemeinsam pürieren.

–

Gelierprobe machen

Hier testen wir, wie oben schon kurz beschrieben, ob unsere Marmelade auch fest genug ist zum Abfüllen. Wir wollen schließlich nicht, dass die schöne Fruchtmischung nachher auf unserem Brot verläuft. Am einfachsten ist es, du nimmst einen kalten Teller und gibst mit dem Teelöffel einen Klacks darauf. Wenn du den Teller etwas kippst und die Masse festbleibt, ist sie fertiggekocht. Wenn sie noch zu flüssig ist, gib noch etwas Gelierzucker hinzu, lass sie noch ein paar Minuten weiterköcheln und wiederhole die Gelierprobe kurz darauf.

–

Abfüllen

Wir nehmen am liebsten Gläser mit Twist-off-Deckel. Wenn du sie gut säuberst, kannst du auch bereits gebrauchte Gläser wiederverwenden. Aber achte darauf, dass sie einwandfrei sauber und geruchsneutral sind! Damit das Glas mit dem heißen Genuss nicht zerspringt, lege vorsichtshalber ein feuchtes Geschirrtuch unter die Gläser. Achte beim Abfüllen darauf, dass du die Gläser bis zum Rand befüllst. Zum »Keimfrei-machen« der Gläser könnt ihr die Gläser mit kochendem Wasser übergießen oder die Gläser bei 120 °C für 15 Minuten ins Backrohr stellen.

–

Etikettieren

Jetzt weißt du zwar noch, welche Marmelade du hergestellt hast. Wenn du jedoch einmal im »Produziermodus« angekommen bist, wirst du es möglicherweise irgendwann nicht mehr wissen und das wäre schade. Also empfehlen wir dir, sofort nach der Produktion die Leckereien zu etikettieren. Je hübscher du dies machst, desto mehr Freude hast du danach daran. Und auch immer ein kleines Mitbringsel parat.

Beispielmarmelade

Wir stellen euch als Beispielmarmelade hier unsere Lieblingsmarmelade vor: die reine, aromatische Brombeermarmelade.

Die gesammelten Brombeeren waschen und abtropfen lassen. In einen großen Topf geben. Damit die Beeren nicht gleich anbrennen, geben wir ein Glas Apfelsaft oder Wasser dazu. Wir sind ständig am Rühren mit unserem Holzlöffel, damit auch ja nichts von den edlen Beeren anbrennt. Die Früchte geben rasch Saft ab und werden weich.

Wer keine Kerne in der Marmelade mag, kann die abgekochte Fruchtmasse durch die »Flotte Lotte«, drehen. Das entstandene Fruchtmark wird in einem großen Topf (Achtung, das Volumen kann sich stark vergrößern!) mit dem Gelierzucker und dem Zitronensaft für 3 Minuten sprudelnd aufgekocht. Kochend heiß kann die Marmelade nun in saubere, sterile Gläser abgefüllt werden.

Ansatzschaps/Likör

Wie toll ist das denn? Ihr könnt eure Gäste mit eigenem Schnaps oder Likör überraschen! Da werden schon die einen oder anderen staunen. Und ihr werdet sehen, es ist gar nicht kompliziert. Die meiste Arbeit macht das Alkohol-Fruchtgemisch fast wie von selbst, indem es wochenlang durchzieht!

Zutaten
· 500 g Früchte, Beeren
· 0,75 l Alkohol, Korn 38 %, Wodka
· 250 g Zucker oder Honig
· optional Gewürze (Zimt, Nelke, Vanille)

Die Früchte oder Beeren werden abgewaschen und abgetropft. Große Früchte müsst ihr etwas zerkleinern und bei Steinobst den Kern entfernen. Bei Früchten, die in rohem Zustand giftig sind, wie zum Beispiel die Holunderbeere, wird die Frucht zusammen mit dem Zucker vor dem Weiterverarbeiten aufgekocht.

Die fertigen Früchte werden in ein Glas mit weitem Hals (alles was ins Glas hineinkommt, muss auch wieder heraus) gegeben und mit dem Zucker oder Honig und dem Alkohol übergossen. Nun heißt es: »In der Ruhe liegt die Kraft«. Das Glas gut verschließen und auf dem Fensterbrett für 3–6 Wochen stehen lassen. Die ersten 3 Tage dürft ihr noch etwas beitragen zur erfolgreichen Likörproduktion, indem ihr das Glas täglich schüttelt, damit sich der Zucker gut lösen kann. Danach könnt ihr es ruhen lassen und einfach nur bewundern. Die Farbe wird von Tag zu Tag intensiver. Nach der Ansatzzeit wird das Obst mit einem Sieb gefiltert und der klare Likör bleibt zurück. Wer seinen Likör ganz klar mag, kann den Ansatz noch durch einen Kaffeefilter laufen lassen.

Der Likör kann nun in saubere und keimfreie Flaschen abgefüllt werden. Schön verpackt eignet er sich auch hervorragend als kleines Mitbringsel der besonderen Art!

Pesto

Unser Pesto-Grundrezept eignet sich für 4 Personen. Wir lieben das Pesto auch als spontane Speise, wenn eigentlich der Kühlschrank leer ist. Mit Nudeln, Kartoffeln oder einem Stückchen Käse dazu hat man im Handumdrehen eine schmackhafte und noch dazu sehr nahrhafte Mahlzeit. Auch als Brotaufstrich, über Salat und Carpaccio eignet es sich hervorragend.

–

Zutaten
- 40 g Kräuter oder Blattgemüse
- 8 EL Olivenöl
- 30 g geröstete Haselnüsse, Pinienkerne, Zirbennüsse oder Mandeln
- 20 g Parmesan, frisch gerieben
- Salz
- Pfeffer aus der Mühle
- Saft von ½ Zitrone
- optional 1 Knoblauchzehe

—

Die Kräuter oder das Blattgemüse vorsichtig waschen und trocken tupfen. Die Blätter von den Stielen abzupfen und klein hacken. Die Haselnüsse zusammen mit den Kräutern, dem Knoblauch und dem Olivenöl für 2 Minuten mit einem Pürierstab mixen. Mit dem Parmesan, Salz, Pfeffer und Zitronensaft abschmecken und frisch genießen.

Das Pesto ist im Kühlschrank für etwa 4 Tage haltbar. Wer länger daran eine Freude haben will oder auf Vorrat produziert, kann das Pesto auch gut einfrieren.

Smoothies

Smoothies sind vitaminreiche Zwischenmahlzeiten und voll im Trend. Wenn der Smoothie als Frühstück genossen wird, könnt ihr auch Nüsse und Haferflocken dazugeben, dann hält die Sättigung länger an. Smoothies lassen sich auch wunderbar mitnehmen. Hier werdet ihr sicher auch viel Freude am Experimentieren haben! Wenn ihr keinen Küchenmixer habt, reicht auch ein guter Pürierstab aus. Und wenn ihr Gelbe Rüben verwendet, dann gebt einen kleinen Spritzer Olivenöl zum fertigen Smoothie, dadurch können auch fettlösliche Vitamine und Nährstoffe vom Körper gut aufgenommen werden. Und noch ein kleiner Tipp: Gebt unten immer zuerst die harten Lebensmittel hinein, damit euer Mixer nicht überfordert ist.

—

Zutaten
· 1 Teil Obst und/oder Gemüse
· 1 Teil Joghurt, Tee, Saft, Wasser, Mich,
Pflanzenmilch, Buttermilch oder Eis
· optional Honig oder Agavendicksaft für die Süße

—

Alle Zutaten miteinander im Mixer pürieren. Wer will, kann Eiswürfel dazugeben. Smoothies halten je nach Inhalt 1–2 Tage im Kühlschrank. Wir empfehlen aber, sie gleich frisch zu genießen.

Tee

Die Zubereitung und der Genuss von Tee ist eine uralte Tradition. Seine eigenen gesammelten Kräuter zu einem Tee zu machen und anschließend zu genießen, ist etwas ganz Besonderes! Unseren Tee mit den über das ganze Jahr gesammelten Kräutern zusammenzumischen, gehört zu einem der schönsten wiederkehrenden Erlebnisse des Jahres für uns. Wenn du die verschiedenen Kräuter in einer großen Schüssel vermengst und die verschiedenen Aromen in deine Nase kommen, die Hände die zarten Blüten berühren, bedeutet das Glück pur. Das Aroma trägt uns fast wie bei einem kleinen Ausflug zurück auf die Wälder und Wiesen. Und danach dann noch eine schöne heiße Tasse Tee zu genießen und das Sammelglück nachzufühlen, welches wir dabei empfunden haben, ist unbeschreiblich. Bei der Erstellung des eigenen Tees habt ihr auch viele verschiedene Möglichkeiten. Ihr könnt die Kräuter entweder einzeln oder in einer Mischung kombiniert genießen.

Die einzelnen Kräuter könnt ihr trocknen und aufbewahren oder auch einfach direkt nach dem Sammeln die Blätter frisch mit heißem Wasser übergießen und genießen!

Für eine Teemischung solltet ihr nicht mehr als 7 Kräuter gemeinsam verwenden, damit die einzelnen Bestandteile in einer wirksamen Konzentration vorkommen. Bei einer Mischung verstärken und ergänzen sich die Kräuter idealerweise gegenseitig. Wenn ihr das vorhabt, haben wir hiermit gern noch weitere Informationen für euch:

Bei unserer Teemischung im Rezeptteil gibt es Hauptkräuter, wie beispielsweise bei uns der Quendel und der Dost (die wilden Formen des Thymians und des Oregano). Diese Kräuter wirken vielschichtig, zum Beispiel verdauungsfördernd, auswurffördernd bei Husten und krampflösend bei Menstruationsbeschwerden.

Es gibt Geschmackskräuter, das sind beispielsweise die Pfefferminze und die Zitronenmelisse. Sie schmecken gut, wir können mit ihrer Hilfe entspannen und sie fördern unsere Verdauung.

Zudem gibt es noch ergänzende Kräuter, das sind Brombeerblätter und Schafgarbe.

Die Brombeerblätter helfen unter anderem gegen Durchfall, die Schafgarbe wirkt beruhigend und hilft gegen Bauchweh, regt die Galle, Leber und die Bauchspeicheldrüse an.

Die Himbeerblätter setzen wir als Stabilisierungskraut ein. Die Himbeerblätter sind reich an Vitamin C, Eisen und Kalzium und sorgen mit ihren flauschigen Blättern für eine gute Durchmischung und Stabilität der Teemischung.

Die Kräuter sammeln wir über den ganzen Sommer. Zuerst sammeln wir die jungen zarten Himbeer- und Brombeerblätter, je nach Standort bereits im Mai. Weiter geht es mit der Minze und der Zitronenmelisse, die je nach Standort im Juni/Juli zum Blühen kommen. Macht euch keine Sorgen, die Pflanzen werden nach der Ernte wieder austreiben und ihr könnt im Herbst gleich noch einmal ernten.

Dost, Quendel und Schafgarbe können den Sommer über am besten in Höhenlagen gepflückt werden. Wir nehmen in der Natur immer nur einzelne Stängel und lassen für die Insekten und Schmetterlinge noch genug Blüten zurück. Wir hängen die Pflanzen kopfüber an einem dunklen Ort zum Trocknen auf.

Im Herbst, wenn alle Kräuter gut getrocknet sind, werden die Kräuter abgerebelt, das heißt, wir trennen die Blätter vom Stiel.

In einer großen Schüssel mischen wir die Kräuter und genießen das Aroma, das sich im Raum ausbreitet. Nun kann der Tee in Gläser und Dosen abgefüllt werden. Der Tee sollte am besten kühl und dunkel gelagert werden. Und bitte denkt daran: Kräuter haben eine starke

Wirkung. Es empfiehlt sich, eine Teemischung kurmäßig nicht länger als drei Wochen zu trinken und dann die Mischung wieder zu wechseln.

Zutaten
· 6 TL Teemischung
· 1 l Wasser, kochend heiß

Zubereitung

Einfach den Tee mit dem kochenden Wasser übergießen und zugedeckt 5–7 Minuten ziehen lassen. Es ist wichtig, den Tee zugedeckt ziehen zu lassen, damit sich die Aromen nicht verflüchtigen. Wenn euch einmal nur nach einer Tasse Tee der Sinn ist, gibt es die Regel der »Drei-Finger-Gabe«. Das bedeutet, dass ihr mit Daumen, Zeigefinger und Mittelfinger ein paar Kräuter schnappt und diese wie beschrieben weiterverarbeitet. Ein Spritzer Zitrone und/oder etwas Honig machen sich auch oft gut im Tee. Den Honig erst hinzugeben, wenn der Tee etwas abgekühlt hat.

Kräutersalz

Frisches, eigenes Kräutersalz übers Butterbrot, was will man mehr? Wir empfinden das schon als Glück pur! Beim Kräutersalz habt ihr auch jede Menge Raum zum Ausprobieren. Ihr könnt reine Kräutersalze mit nur einem Kraut machen, ihr könnt verschiedene Kräuter mischen und auch Blüten hinzugeben. Hier sind eurer Kreativität keine Grenzen gesetzt. Wir achten sehr auf die Qualität des Salzes und nehmen am liebsten österreichisches Steinsalz. Ihr könnt auch Meersalz benutzen. Bitte verwendet für eure tollen Kräuter aber ein hochwertiges Salz und kein minderwertiges, raffiniertes Salz!

Zutaten
· 100 g Natursalz (Steinsalz, Meersalz)
· 2 Handvoll Kräuter

Die Kräuter vom Stiel befreien und klein schneiden. Am liebsten verwenden wir zum Kleinschneiden ein Wiegebrett mit Wiegemesser. Danach die kleingeschnittenen Kräuter mit dem Salz im Mörser gut verreiben, dazu mehrere Durchgänge machen, damit nicht zu viel Masse im Mörser ist. Die Salz-Kräuter-Mischung in ein Schraubglas geben und im Kühlschrank für 3–5 Tage durchziehen lassen.

Zum Trocknen das durchgezogene Salz auf ein mit Backpapier ausgelegtes Blech geben und gleichmäßig verteilen. Im Backofen bei Restwärme oder 40 °C trocknen lassen und dabei die Ofentür mit einem Kochlöffel einen Spalt geöffnet halten, damit die Feuchtigkeit entweichen kann. Wenn das Salz gut getrocknet ist, wird das Kräutersalz noch einmal mit dem Mörser fein verrieben. Dann das Salz in Schraubgläser abfüllen.

Bei manchen Kräutern, wie zum Beispiel beim Basilikum, empfiehlt es sich, das Salz nass zu verwenden, um das Aroma bestmöglich zu erhalten. Dazu das Salz nach dem Verreiben im Mörser nicht trocknen, sondern in ein Glas geben und im Kühlschrank aufbewahren.

Am besten wird es kühl und trocken gelagert, dann könnt ihr bis zu 1 Jahr damit eine Freude haben. Süß verpackt sind Kräutersalze auch wunderbare Geschenke!

Kräuterzucker

Ist es möglich, Süßes noch süßer zu machen? Oh ja, mit unserem Kräuterzucker in unterschiedlichen Varianten geht das!

–

Zutaten
· **100 g Zucker (Weißzucker oder Vollrohrzucker)**
· **2 Handvoll Kräuter, gut eignen sich Minze, Zitronenmelisse, Holunderblüten und Löwenzahnblüten**

–

Kräuterzucker eignet sich gut, um Kräuter haltbar zu machen und für Getränke und Süßspeisen zu nutzen. Gemacht wird der Kräuterzucker genauso wie das Kräutersalz: die Blätter und Blüten vom

Stängel befreien und klein hacken. Im Mörser verreiben und im Schraubglas im Kühlschrank 3–5 Tage durchziehen lassen. Auf einem Backblech auf Backpapier trocknen lassen, bei Restwärme oder 40 °C im Backofen bei leicht geöffneter Türe. Im Mörser oder Mixer fein mahlen und abfüllen. Für den Kräuterzucker können auch sehr gut Heilkräuter verwendet werden und bei Bedarf, zum Beispiel bei Halsweh oder Husten, gelutscht werden. Nicht nur für Kinder wird es dadurch zu einer wohlschmeckenden Medizin! Für den Halszucker eignen sich Quendel, Schlüsselblume, Eibisch, Malve, Anis, Fenchel und Ysop.

Bitteres wirkt zwar besser ohne Zucker – als Alternative für alkoholische Auszüge, und damit für Kinder geeignet, ist der Zucker aber trotzdem ein guter Träger für Bitterstoffe. So können zum Beispiel Löwenzahnwurzeln, die sehr bitter sind, klein geraspelt zum Zucker gegeben und kurmäßig eingenommen werden. Unser im Rezept vorgestellter Minzzucker sieht noch dazu einfach hübsch aus! Wir verwenden ihn auch gern als Dekoration: zum Beispiel als Glasrand für einen Aperitif ist er nicht nur optisch ein Hingucker, sondern auch geschmacklich ein Genuss!

Essig

Wir lieben unsere Superfood-Essige. Unser Himbeeressigrezept findest du im Rezeptteil. Generell kannst du aus fast jeder Frucht und jeder Blattpflanze einen Essig erstellen. Wir empfehlen vor allem die Herstellung von Himbeeressig, Preiselbeeressig, Quendelessig und Löwenzahnessig.

Zutaten
· **1 Handvoll Kräuter**
· **Apfelessig, mindestens 5 % Essigsäure**

Die Kräuter in eine Flasche geben und mit dem Essig übergießen, bis die Kräuter und Früchte komplett bedeckt sind. Die Flasche 3–6 Wochen an einem warmen Ort, gern an einem schönen, sonnigen Fensterbrett, ziehen lassen. Die Kräuter und Früchte nach der Ziehzeit abseihen. Der Essig passt wunderbar über Salate und hält ungefähr ein halbes Jahr.

Öl

Unser Öl kann so viel mehr als nur würzen. Unsere Superfood-Öle sind hochpotente Lebensmittel, die eine Vielzahl von Speisen geschmacklich und nährstofflich bereichern. Sie werden dir bestimmt auch optisch gefallen und farblich gewiss aus der Reihe herkömmlicher Öl-Farbe tanzen.

–

Zutaten
· **1 Handvoll Kräuter –**
wir empfehlen vor allem Quendel und Wacholder
· **Öl – wir empfehlen kalt gepresstes
Sonnenblumen- oder Olivenöl**

–

Die Kräuter in eine Flasche geben und mit dem Öl übergießen, bis die Kräuter komplett bedeckt sind. Die Flasche 3–6 Wochen an einem warmen Ort, gern an einem schönen, sonnigen Fensterbrett ziehen lassen. Du kannst die Kräuter nach der Ziehzeit abseihen oder auch als optischen Hingucker im Öl lassen. Das Öl passt wunderbar über Salate, Gemüse oder auch über ein schönes Steak. Es hält ungefähr ein halbes Jahr.

Sole

Solen sind ein Wasser-Salz-Gemisch. Wir reichern sie zusätzlich mit unseren Superfoods an. Die Sole kann zum Salzen in der Küche eingesetzt werden, als Badezusatz oder als Zusatz für ein Gesichtsdampfbad bei Erkältung verwendet werden.

–

Zutaten
- 2 Teile Quellwasser
- 1 Teil Natursalz
- 1 Teil Kräuter

—

Salz gehört zu den essenziellen Bausteinen des Lebens. Salz ist an sämtlichen Naturprozessen beteiligt und wurde schon seit jeher auch als Medizin angesehen. Für unsere Superfood-Sole verwenden wir ausschließlich Natursalz.

Sammelkalender

Du kannst fast das ganze Jahr über in der Natur sammeln. Hochzeit ist dann, wenn kein Schnee liegt, also in der Regel von März bis November. Also packe, wann immer es geht, deine Sammelutensilien und geh hinaus in die Kraftquelle der Wiesen und Wälder. Wir wünschen dir von Herzen viele schöne Erlebnisse dabei! An unserem Sammelbild erkennst du grafisch, wann welche Superfoods reif sind. Wir haben sie auch im Buch in aufsteigender Reihenfolge des Reifezeitpunkts dargestellt.

Quellenangaben

Clemens G. Arvay, *Der Heilungscode der Natur*, Riemann Verlag

Karin Buchart, Marie Anna Benedikt, *Von Hand gemacht*, Servus Verlag

Karin Buchart, Miriam Wiegele, *Die Natur-Apotheke*, Servus Verlag

Werner Buchberger, *Waldbaden*, Freya Verlag

Ursel Bühring, *Praxis-Lehrbuch Heilpflanzenkunde*, Haug Verlag

Dr. Med. S. Flamm, Ludwig Kroeber, *Die Heilkraft der Pflanzen*, Hippokrates-Verlag

Steffen Guido Fleischhauer, Jürgen Guthmann, Roland Speigelberger, *Essbare Wildpflanzen*, AT Verlag

Günther H. Heepen, *Das Heilwissen der Hildegard von Bingen*, GU Verlag

Siegrid Hirsch, *Kräuter-Rezeptbuch*, Freya Verlag

Siegrid Hirsch & Felix Grünberger, *Die Kräuter in meinem Garten*, freya Verlag

Ulla Janascheck, Elise Richer, *Hexenwerk*, Freya Verlag

Michael Machatschek, Elisabeth Mauthner, *Speisekammer aus der Natur*, Böhlau Verlag

Martina Meuth, Bern Neuner-Duttenhofer, *Unsere Waldküche*, Lübbe Verlag

Helmut Pirc, *Wildobst und seltene Obstarten im Hausgarten*, Stocker Verlag

Susanne Pust, *Wilde Früchte und Beeren am Wegesrand*, Servus Verlag

Dr. Drew Ramsey, *Eat Complete*, HarperCollins Ramsey

Wolfgang Widmaier, *Pflanzenheilkunde*,
WBV Biologisch-Medizinische Verlagsgesellschaftmbh & Co KG

Dr. Med. Ernst Schneider, *Nutze die heilkräftigen Pflanzen*, Saatkorn-Verlag

Wolf-Dieter Storl, *Die Unkräuter in meinem Garten*, GU Verlag

Anthony William, *Medical Food: Warum Obst und Gemüse potenter sind als jedes Medikament*, arkana Verlag

Peter Wohlleben, *Das Geheime Leben der Bäume*, Ludwig Verlag

Sämtliche Angaben in diesem Werk erfolgen trotz sorgfältiger
Bearbeitung ohne Gewähr. Eine Haftung der Autoren bzw. Herausgeber
und des Verlages ist ausgeschlossen.

2. Auflage, 2020
© 2019 Servus Verlag bei Benevento Publishing Salzburg – München,
eine Marke der Red Bull Media House GmbH, Wals bei Salzburg

Alle Rechte vorbehalten, insbesondere das des öffentlichen Vortrags, der Übertragung
durch Rundfunk und Fernsehen sowie der Übersetzung, auch einzelner Teile. Kein Teil
des Werkes darf in irgendeiner Form (durch Fotografie, Mikrofilm oder andere Verfahren)
ohne schriftliche Genehmigung des Verlages reproduziert oder unter Verwendung
elektronischer Systeme verarbeitet, vervielfältigt oder verbreitet werden.
Gesetzt aus der Minion Pro

Medieninhaber, Verleger und Herausgeber:
Red Bull Media House GmbH
Oberst-Lepperdinger-Straße 11–15
5071 Wals bei Salzburg, Österreich

Umschlaggestaltung, Layout & Satz: wir sind artisten
Lektorat: Martina Paischer
Illustrationen und Fotos: Veronika Halmbacher
Printed in Europe

ISBN 978-3-7104-0207-4